Die Kirche hat die beste Botschaft der Welt –
sie müsste sie nur endlich besser verkaufen!

HARALD GLÖÖCKLER

KIRCHE ÖFFNE DICH!

Hat die Kirche noch Zukunft?
Was sich ändern muss.

adeo

Inhalt

Anstatt **NÄHE** zu schaffen, **ENTFERNT** die **KIRCHE** uns Menschen von **GOTT.**

Dank und Widmung

Ich widme dieses Buch all den wunderbaren Menschen, die in diesem großartigen Experiment Leben auf der Suche sind nach mehr. Nach einem Sinn, nach dem Wohin und Woher. Die sich die großen Fragen stellen:

„Wer bin ich, wer könnte ich sein, oder wer sollte ich sein? Bin ich wertvoll oder nutzlos, und wer entscheidet das? Gibt es einen Gott, und wenn ja, wie sieht er aus, wo ist er, wo lebt er? Existiert die Hölle, existiert das Paradies? Kann man als Jungfrau vom Heiligen Geist ein Kind bekommen? Ist die Kirche unfehlbar, ist die Kirche notwendig, ist die Kirche unnötig? Hat Jesus wirklich gelebt oder ist das ein Märchen. Ist er tatsächlich gestorben und auferstanden? Wenn Jesus am Kreuz gestorben sein sollte, sind damit unsere Sünden vergeben? Und ist das eine Blankovollmacht, ein Freibrief zum Sündigen? Wie kann Gott zulassen, dass ein Mensch stirbt, damit die Sünden der anderen vergeben werden? Was ist das für ein Gott, und wieso kann er uns unsere Sünden nicht einfach so vergeben, wenn er doch so gütig ist? Oder ist es am Ende ein rachsüchtiger Gott, der uns erschaffen hat? Wieso hat er uns sündig erschaffen, wenn die Sünde dann vergeben werden muss? Sind Priester bessere Menschen, oder verkaufen sie sich einfach nur besser?"

Fragen über Fragen, denen ich in diesem Buch nachgehen möchte.

Ich wurde so erzogen, dass man bestimmte Dinge überhaupt nicht infrage stellen soll. Wieso aber soll man, wenn man an einer Sache interessiert ist, nicht nachhaken, nachfragen und Dinge auch mal anzweifeln dürfen?!

„Man stellt Gott und die Kirche nicht infrage, Kind, versündige dich nicht!", hörte ich die Erwachsenen abwiegeln, wann immer ich etwas genauer wissen wollte. „Das ist eben so, darüber diskutiert man nicht!", das war die Standardantwort.

Wie überrascht war ich da eines Tages, als im Fernsehen eine imposante Dame in einem mintgrünen Lederkostüm auftrat und sich lauthals über die katholische Kirche und ihre Machenschaften echauffierte! Auf meine Nachfrage, wer denn die Dame sei, erfuhr ich, dass sie die Tochter des Bundespräsidenten Heinemann war, Frau Professor Uta Ranke-Heinemann. Die Dame imponierte mir, wenngleich mich ihre mitunter doch sehr aufgebrachte Art erstaunte. Auf jeden Fall war ich sehr dankbar, auf einen Erwachsenen zu treffen, und sei es auch nur im Fernsehen, der es wagte, kritisch über Gott und die Kirche zu sprechen und die Fragen zu stellen, die ich auch mit mir trug.

Frau Ranke-Heinemann hat mich inspiriert, weiterzufragen und mutig nach Antworten zu suchen. Dass ich jedoch eines Tages ein Buch schreiben würde über die Kirche und über Gott, das hätte ich nicht zu träumen gewagt.

Ich möchte in und mit diesem Buch allen Menschen danken, die mir Glauben vermittelt und Gott nahegebracht haben. Des Weiteren danke ich all den großartigen Menschen, die ehrenamtlich ohne Zögern ihren Dienst an und in der Kirche versehen und ohne die Kirche nicht möglich wäre. Ich habe allergrößten Respekt vor diesen Menschen und vor jedem, der sein Leben Gott und dem Glauben gewidmet hat. Dieser Dank gilt konfessionsübergreifend.

Ich danke den kirchlichen Institutionen für alles Gute, das sie der Menschheit getan haben. Ich spreche jedoch auch das Problematische an, die Gräuel und das Entsetzliche, das die Kirchen über die Jahrhunderte verursacht haben. Ich schreibe dieses Buch nicht aus Groll. Es ist auch keine Abrechnung mit der Kirche, ganz im Gegenteil.

Es ist vielmehr der Versuch einer Annäherung, der Vorschlag meinerseits eines neuen gemeinsamen Weges, eine Anregung für eine Begegnung der Kirche mit glaubenswilligen Menschen auf Augenhöhe. Offen für ihre Fragen und offen in ihren Antworten. Wäre ich nicht zutiefst überzeugt davon, dass es sich lohnt, aufeinander zuzugehen, hätte ich dieses Buch nicht geschrieben.

Ich freue mich, wenn Sie mich ein Stück des Weges begleiten.

Ihr

Harald Glööckler

Viele Menschen haben eine **SEHNSUCHT** nach **MEHR** – nach dem **SINN** des Lebens, nach einer **HOFFNUNG** und einem **GLAUBEN**.

Einleitung

Meine sehr geehrten Damen und Herren,

ich habe in meinem Leben nie etwas als selbstverständlich angesehen. Die Vorstellung, dass mir Dinge automatisch zufallen müssten und das Leben mir etwas schuldig sei, war mir stets fremd. Ganz im Gegenteil, ich betrachtete das Leben von jeher als ein großartiges Geschenk. Das wahrscheinlich großartigste Geschenk, das uns jemals gemacht wurde und jemals gemacht wird.

Schon seit frühester Kindheit übte ich mich im Beobachten. Einerseits, weil ich das Beobachten schon immer als eine sehr interessante Angelegenheit empfand, zum anderen, weil ich ein sehr scharfsinniges, aufmerksames, in sich gekehrtes Kind war. Dies war eher eine Vorsichtsmaßnahme und in meiner vom Terror des Vaters gezeichneten Kindheit quasi eine Notwendigkeit, um zu überleben. Ich musste ständig auf der Hut sein, in Deckung gehen, um nicht in die Schusslinie zu geraten. Mit Gleichaltrigen konnte ich nie viel anfangen und studierte schon in frühester Kindheit viel lieber die Erwachsenen, deren Allüren, Marotten und Angewohnheiten.

Das Beobachten an sich ist eine ungeheuer wichtige Maßnahme, der leider viel zu wenige Menschen frönen. Ich meine damit vor allem das „Sich-selbst-Beobachten" und „-Kontrollieren" – sowohl die eigenen Emotionen als auch die eigenen Handlungen. Die meisten Menschen sind fremdgesteuert und sich ihrer Reaktionshandlung und ihres Selbst nicht bewusst. Viele haben sich selbst nie wirklich beobachtet, geschweige denn eine Innenschau getätigt, und sehen sich so selbst fremd.

Wir leben in einer Dualität und haben immer zwei Möglichkeiten, die Dinge zu sehen. Wie man so schön sagt: „Das Glas ist halb leer oder halb voll", das Leben ist beschissen oder wunderbar.

Ich bin von Dankbarkeit erfüllt, weil ich mir angewöhnt habe, in allem das Gute zu sehen. Denn warum soll ich das Schlechte sehen, wenn ich das Gute sehen kann? Auch das bedarf der Beobachtung und der Achtsamkeit. Ich bin immer wieder überwältigt davon, in welchem Reichtum wir leben, welche Fülle an Essen wir haben. Wir werden in Restaurants bedient, behandelt wie Könige, und dennoch gibt es immer wieder Menschen, die das nicht zu schätzen wissen, ständig meckern, sich beschweren, denen man rein gar nichts recht machen kann. Verstehen Sie mich nicht falsch, diese Menschen haben das Recht, so zu denken, aber was tun sie sich damit an? Der Nörgler schadet immer nur sich selbst, der Betrüger betrügt immer nur sich selbst. Leider realisieren unehrliche, unbedachte Menschen meist nicht, dass sie grundsätzlich niemandem außer sich selbst schaden. Sie denken, sie könnten ihre Mitmenschen täuschen, doch sie täuschen letztendlich nur sich selbst, denn sie sind schneller demaskiert, als sie denken.

In uns Menschen besteht ein gottgegebenes seelisches „Programm", wir nennen es Gewissen, das sich nicht täuschen lässt. Damit sind wir zielsicher in der Lage, das Gute vom Schlechten, das Wertlose vom Wertvollen, das Wahre vom Falschen zu trennen. Leider haben viele Menschen völlig den Zugang zu ihrer göttlichen Natur verloren und hören nicht mehr auf diese innere Stimme.

Niemand von uns hat das Recht, über andere den Stab zu brechen und zu urteilen, keiner ist besser als der andere, keiner ist schlechter als der andere. Kein Wunder, dass Jesus so kategorisch sagt: „Richtet nicht!"[1] Und doch tun wir es immer wieder, denn wir sind so erzogen: beurteilen, verurteilen, vergleichen und kritisieren.

Irgendwann haben wir damit begonnen, nicht mehr auf unsere innere Stimme und unsere göttliche Intuition zu hören, sondern unsere Außenwelt zum Gott gemacht. Dabei haben wir unsere eigentliche Bestimmung vergessen.

Seither suchen wir das Göttliche nicht mehr in uns, sondern außerhalb von uns, was zu Minderwertigkeitsgefühlen und übersteigertem Geltungsdrang unsererseits führt. Wir können nicht mehr glauben, dass Gott in uns ist, fühlen uns klein und alleingelassen. Wir haben unsere Vorstellungskraft verloren, dass alles möglich ist, und ein Gefühl des Mangels entwickelt. Dadurch entwickelte sich der zwanghafte Drang, alles und jeden zu kontrollieren und anderen Menschen zu misstrauen.

Irgendwann haben wir damit begonnen, nicht mehr auf unsere innere Stimme und unsere göttliche Intuition zu hören, sondern unsere Außenwelt zum Gott gemacht. Dabei haben wir unsere eigentliche Bestimmung vergessen.

Mit unserem göttlichen Bewusstsein verloren wir auch unsere innere Ruhe und Gelassenheit. Dabei gibt es keinen Grund zu zweifeln oder sich zu sorgen. Gottes Schöpfung ist so großartig und vollkommen, es gibt nichts, was es nicht schon gibt. Wir müssen also gar nicht alles selbst erschaffen, sondern nur all das, was wir uns wünschen, in unser Leben ziehen und dankend annehmen. Ich weiß, das ist nicht einfach zu akzeptieren, aber das ist Glauben. Davon überzeugt zu sein, dass etwas eintritt, auch wenn es keine Beweise dafür gibt. Sonst wäre es kein Glauben, sondern Wissen. Manch einer hat den Glauben an Gott verloren und sagt: „Ich glaube an nichts!" Das ist ein Irrtum, denn selbst an nichts zu glauben, ist ein Glauben.

In meiner exponierten Stellung komme ich sehr viel in der Welt herum und treffe die verschiedensten Menschen in unterschiedlichsten Lebenssituationen. Dabei fällt mir in Gesprächen immer wieder auf, dass gerade in unserer schnelllebigen und lauten Zeit viele Menschen wieder Fragen stellen und eine große Sehnsucht nach mehr haben – nach dem tieferen Sinn des Lebens, nach einer Hoffnung und einem Glauben an eine hoffentlich vorhandene höhere Macht, die sie bei Bedarf auffängt und stützt.

Doch die Kirche, die ja eigentlich genau dies vermitteln sollte, bietet immer weniger Menschen eine adäquate Anlaufstelle. Sie ist viel zu sehr mit sich selbst beschäftigt, viel zu alltagsfern, zu egozentrisch, zu verstaubt und – sagen wir es doch ehrlich – auch zu langweilig.

Gerade in unserer heutigen Zeit ist der Glaube an eine bessere Welt, an Gott so wichtig, und eine solche Institution könnte, wenn sie ihren wahren Verpflichtungen nachkommen würde, Halt und Orientierung geben. Doch die Kirche „verkauft" sich so schlecht und ist so wenig einladend, dass Leute auf der Suche nach Halt anderswo hingehen.

Auch an mir selbst hat die Kirche versagt, und ich musste mir andere Wege zu meinem ganz persönlichen Glauben suchen. Doch nicht jeder ist so stark oder entschlossen, sich allein durchzuschlagen, sondern braucht eine Gemeinschaft, die ihn unterstützt. Hier hat die Kirche ihre wichtigste Aufgabe – und nutzt sie nicht einmal ansatzweise so, wie es nötig wäre. Kleingeistigkeit, Kritiksucht und das Denken „Das haben wir immer schon so gemacht" stehen der wirklichen Annahme von Menschen im Wege. Und wenn man dann noch ein wenig aus dem Rahmen des „Normalen" fällt, wird es ganz schwierig.

Die Kirche bietet immer weniger Menschen eine adäquate Anlaufstelle. Sie ist viel zu sehr mit sich selbst beschäftigt, viel zu alltagsfern, zu egozentrisch, zu verstaubt und – sagen wir es doch ehrlich – auch zu langweilig.

Als gläubiger und empathischer Mensch finde ich diese Entwicklung unsagbar traurig. Ich möchte daher mit diesem Buch eine Diskussion und zum Nachdenken darüber anregen, ob die Kirche überhaupt noch in unsere Zeit passt, ob sie überholt ist und wie sie heute sein müsste, um wieder attraktiv zu sein.

Braucht man eine Kirche zum Glauben? Nein, dazu braucht man sie nicht. Ich habe auch so einen direkten Kontakt zu Gott. Wir brauchen keinen Dolmetscher, vor allem keinen, der uns mit erhobenem Zeigefinger die ihm gerade genehme Version des Glaubens indoktriniert.

Wir brauchen keine Institution, die uns kleinmacht, die uns glauben macht, wir seien nichts ohne sie. Auch keine, welche uns einredet, alle Andersgläubigen seien Ungläubige, und im schlimmsten Fall noch zum Heiligen Krieg, zum Morden und Töten aufruft.

Wenn ein Mensch gefallen ist, sollten wir ihm als gute Christen aufhelfen, ihn aufrichten, und – so er es wünscht – ihm den rechten Weg zeigen, statt Häme und Spott über ihm zu entladen. Es ist unsere göttliche Aufgabe, anderen beizustehen. Und es ist die Aufgabe der Kirche, den Menschen seelsorgerlich in jeder Hinsicht mit Rat und Tat zur Seite zu stehen, ohne zu beurteilen, zu verurteilen, sondern ihnen die Hand zu reichen mit Verständnis, Liebe und Hingabe.

Wir brauchen eine Kirche, die uns auffängt, wenn wir stürzen, die uns hält, wenn wir stolpern, die uns wärmt, wenn wir an der Kälte der Welt frieren, die uns zu essen gibt, wenn wir hungern, und die uns umarmt, wenn wir versagt haben.

Wir brauchen eine Kirche, die uns auffängt, wenn wir stürzen, die uns hält, wenn wir stolpern, die uns wärmt, wenn wir an der Kälte der Welt frieren, die uns zu essen gibt, wenn wir hungern, und die uns umarmt, wenn wir versagt haben.

Jesus und Gott lieben uns, wie wir sind, ohne Vorbehalte. Und eine solche Institution oder kirchliche Gemeinschaft wünsche ich mir. Eine Gemeinschaft der allumfassenden Akzeptanz und Liebe.

Immer, wenn ich aus der **KIRCHE** kam, hatte ich das **GEFÜHL**, **MINDERWERTIG** und **SÜNDHAFT** zu sein.

Kinder werden zur Taufe gebracht
wie zur Schluckimpfung.

Kapitel 1:
Nein zur Kirche, ja zu Gott!

Ich bin in einem beschaulichen Ort in Baden-Württemberg mit damals etwa 1000 Einwohnern aufgewachsen. Sowohl mein Elternhaus als auch das Haus der Großeltern väterlicherseits lagen direkt neben der zauberhaften Kirche, also circa zehn Meter entfernt. Diese ehrwürdige Kirche stand mitten im Dorf, sie wurde vor rund 1000 Jahren erbaut, für Nonnen und Mönche, die ein Leben des Gebets, der Lesung und der Arbeit führen wollten. Die Kirche war schlicht; klein, aber fein. Es war keine der opulenten, reich geschmückten Barockkirchen, wie man sie im katholischen Bayern kennt. Sie war puristisch, aber schön.

Ich verbrachte fast jeden Sonntag dort. Es gab einen Kindergottesdienst, an welchem ich immer teilnahm, nicht zuletzt um unserem Haus zu entfliehen, denn mein Zuhause war leider nicht so idyllisch. Mein Vater hatte ein Alkoholproblem, war gewalttätig. Nicht mir, aber meiner Mutter gegenüber. Seine

21

Gewalttätigkeit ging so weit, dass meine Mutter eines Tages nicht mehr aus dem Krankenhaus nach Hause kam.

Ich wurde im lutherischen Glauben erzogen. Allerdings hatte mich niemand danach gefragt, ob ich lutherisch, katholisch oder gar nicht getauft werden wollte. Da ich schon als Kind sehr freidenkerisch und selbstbewusst war, machte ich mir so meine Gedanken, ob die Zugehörigkeit zum evangelischen Glauben am Ende genauso ein Fehlgriff war wie die „Inkarnation" in meine Familie, in welcher ich mich als Fremder unter Fremden fühlte. In diese Familie passte ich meiner Meinung nach genauso gut wie ein Lamm in ein Wolfsrudel. Also gar nicht.

Doch zurück zur Kirche meiner Kindheit, in der ich auch getauft wurde. Ich muss zugeben, dass mir die Notwendigkeit der Taufe ganz grundsätzlich nicht so recht einleuchtet. Sowohl unser Körper als auch unser Geist sind eine Sensation! Beides sind ausgefeilte Instrumente, die in Perfektion arbeiten und nur von einem allerhöchsten Geist ausgedacht sein können. Ich frage mich: Wieso sollte jemand wie Gott, der in der Lage ist, Unikate in derartiger Präzision zu kreieren, sich im Nachgang einer Institution wie der Kirche bedienen müssen, um sein Werk danach noch segnen zu lassen? Man sollte doch denken, dass ein solcher Schöpfer diesen Akt auch selbsttätig durchführen könnte. Deshalb erscheint es mir eher so, dass die Kirche clever auf den Zug aufgesprungen ist, um Menschen glauben zu machen, es sei eine Notwendigkeit, durch sie, da sie selbst göttlich und quasi der verlängerte Arm Gottes sei, dessen Werk zu vollenden, Handlungen wie die Taufe in seinem Namen durchzuführen.

Die Taufe selbst ist ein einschneidender Akt, welcher das ganze Leben prägt, der meiner Meinung nach nicht einfach so an einem Kind vollzogen werden dürfte, sondern erst an einem Erwachsenen. Eine derart tiefgreifende und einschneidende

Handlung sollte von der Person selbst in vollem Bewusstsein abgesegnet worden sein. Da dies einem Kleinkind nicht möglich ist, halte ich die Kindertaufe zumindest für fraglich.

In der Tat wurden in der Anfangszeit und der Urkirche hauptsächlich Erwachsene getauft, da man die Meinung vertrat, dass eine bewusste Entscheidung für den christlichen Glauben vorliegen sollte. Mit der vermehrten Ausbreitung des Christentums im Römischen Reich kam es immer öfter vor, dass sich ganze Familien mit Kindern taufen ließen. So entstand im Laufe des vierten Jahrhunderts letztendlich die Säuglingstaufe, und deren Fortschreiten wurde besonders begünstigt durch die in meinen Augen völlig irrsinnige Lehre der Erbsünde und die Vorstellung, dass diese durch die Taufe weitestgehend getilgt werden könne.

Die Taufe selbst ist ein einschneidender Akt, welcher das ganze Leben prägt, der meiner Meinung nach nicht einfach so an einem Kind vollzogen werden dürfte, sondern erst an einem Erwachsenen.

Über die Jahrhunderte hat die Taufe eine vielseitige Entwicklung durchgemacht, welche sich bis heute in den unterschiedlichsten Ausführungen dieses Rituals abzeichnet. Den Ursprung hat die Taufe bereits im Judentum, wo es unterschiedliche Reinigungsrituale gab. Eine wirklich ganz neue Dimension bekam sie dann erst durch Johannes den Täufer.

Die sogenannte Johannes-Taufe hatte das Ziel eines Bekenntnisses der Sünden sowie der Umkehr zur Buße und geschah somit als ein Zeichen zur Vergebung der Sünden. Wenn man den Berichten Glauben schenken möchte, welche in den Evangelien nachzulesen sind, erhielt auch Jesus selbst die Taufe durch Johannes den Täufer:

Zu der Zeit kam Jesus aus Galiläa an den Jordan zu Johannes, dass er sich von ihm taufen ließe. Aber Johannes wehrte ihm und sprach: Ich bedarf dessen, dass ich von dir getauft werde, und du kommst zu mir? Jesus aber antwortete und sprach zu ihm: Lass es jetzt zu! Denn so gebührt es uns, alle Gerechtigkeit zu erfüllen. Da ließ er's ihm zu.

Und als Jesus getauft war, stieg er alsbald herauf aus dem Wasser. Und siehe, da tat sich ihm der Himmel auf, und er sah den Geist Gottes wie eine Taube herabfahren und über sich kommen. Und siehe, eine Stimme aus dem Himmel sprach: Dies ist mein lieber Sohn, an dem ich Wohlgefallen habe. (Matthäus 3,13-17)

Auch ich wurde also als Kind ungefragt getauft, und zwar in eben-dieser besagten Kirche. Das Taufbecken in unserer Kirche war links des Altars, der von riesigen Blumen-sträußen geschmückt wurde. Je nach Jahreszeit wechselten die Blumen, mal waren es Tulpen, mal Gladiolen.

Mich stört es empfindlich, wenn Einzelpersonen oder Gruppen unüberlegte Handlungen begehen und ohne nachzudenken der Herde folgend etwas machen, nur weil man es eben tut.

Dass ich das Thema der Taufe hier so vehement anführe, hat seinen Grund. Mich stört es empfindlich, wenn Einzelpersonen oder Gruppen unüberlegte Handlungen begehen und ohne nachzudenken der Herde folgend etwas machen, nur weil man es eben tut.

Meine Eltern hatten mit dem Glauben an sich und der Kirche nicht viel am Hut. Ich will damit nicht sagen, dass sie ungläubig waren oder dass sie gegen die Kirche waren, aber sie waren auch nicht besonders engagiert. Die Taufe bedeutete ihnen nichts, ganz zu schweigen davon, dass sie in der Lage gewesen wären oder jemals den Versuch gemacht hätten, mir den Sinn der Taufe zu erklären. Ich denke, er war ihnen selbst nicht bewusst. Sie ließen mich eben taufen, weil man das nun mal so tut, ebenso wie man sich später konfirmieren lässt.

Ich hätte mir gewünscht, eine so schwerwiegende und tiefgreifende Sache selbst mitentscheiden zu können. Denn schließlich bin ich die Person, welche dieser Handlung später auch gerecht werden und damit leben muss. Der Akt der Taufe beinhaltet das Versprechen, ein religiöses Leben zu führen, zu welchem der Getaufte als Erwachsener unter Umständen überhaupt nicht bereit ist.

Des Weiteren obliegt nach christlichem Verständnis den Taufpaten und den Eltern die Pflicht, den Täufling später an den Glauben heranzuführen und zu unterrichten. Auch hierzu waren meine Eltern weder fähig noch willens.

Ich möchte nicht falsch verstanden werden: Ich bin der Meinung, dass die Taufe an sich eine großartige Sache ist, aber eben auch mit der entsprechenden Ernsthaftigkeit und Achtsamkeit begangen und gelebt werden sollte.

Den Weg in die Kirche habe ich danach trotz allem und nicht zuletzt über meine Eltern gefunden, wenngleich diese mich auch weniger aus religiösen Gesichtspunkten als aus praktischen Überlegungen in den Kindergottesdienst geschickt haben. Denn

Ich bin der Meinung, dass die Taufe an sich eine großartige Sache ist, aber eben auch mit der entsprechenden Ernsthaftigkeit und Achtsamkeit begangen und gelebt werden sollte.

damit war ich in dieser Zeit beaufsichtigt und ihnen aus dem Weg.

Die Kirche war umgeben von einer hohen alten Mauer. Diese war bereits in die Jahre gekommen, der Zahn der Zeit nagte auch an ihr, aber sie war sehr romantisch, nicht zuletzt durch die daran emporwachsenden Buschrosen in seidigem zartem Rosa. Der Duft der Blüten war so stark, die Optik so eindrucksvoll, man konnte sie schon von Weitem riechen und sehen. Sie wucherten über die ganze Mauer und bedeckten sie wie ein farbenfrohes Abendkleid bis zum Boden. Es waren kleine, feine, zerbrechliche Wildrosen. Eine sehr alte Sorte, wie uns die Pfarrersfrau erklärte. Genau so stellte ich mir die Rosen von Dornröschen vor. Es waren Prinzessinnen-Rosen.

Als echter Landjunge, der inmitten der Natur aufgewachsen ist, kam ich mit Blumen schon frühzeitig in Kontakt. Meine Großmutter hatte einen wundervollen Garten voll von Bäumen und Rosen. Ich liebte die Rosen besonders, die lang- wie die kurzstieligen, die roten wie die weißen. Vereinzelt gab es sogar welche in Schwarz. Vor allem sie hatten einen außergewöhnlich schweren und verführerischen Duft.

Meine Großmutter und ich hatten eine ganz wunderbare Beziehung zueinander. Sie zeigte mir die schönen Dinge im Leben, lehrte mich aber auch, dass nichts selbstverständlich ist. Als ich sie eines Tages fragte, woher die Tautropfen kommen, antwortete sie, diese seien von den Elfen, die frühmorgens liebevoll die Rosen beträufelten.

„Und die großen Wassertropfen?", fragte ich neugierig weiter.

„Das sind die Tränen, die die Elfen vergießen, weil die Menschen die Welt langsam, aber sicher zerstören", antwortete sie einfühlsam.

„Aber zum Glück gibt es die Engel, die die Menschen beschützen", sagte ich.

Die Rosen meiner Großmutter rochen damals so intensiv und betörend, wie es heute fast keine Rose mehr tut. Heutzutage setzt die Industrie lieber auf Transportfähigkeit als auf einen rosigen Duft. Ich frage mich oft, ob man das, was einem angeboten wird, noch als Blume bezeichnen kann.

„Ich möchte auch einen Rosenstrauch", sagte ich ganz euphorisch zu meiner Großmutter.

„Den sollst du bekommen", antwortete sie. „Aber zuerst musst du dir genau überlegen, was für eine Rose du dir wünschst. Überlege dir gut, wie sie aussehen soll, ob du eine Heckenrose, Stielrose oder Buschrose möchtest, und auch, welche Farbe sie haben soll."

Neben den optischen Komponenten machte sie mir aber auch meine damit verbundene Verantwortung bewusst. „Nimm diese Rose als Beispiel für dein Leben. Wenn du dich gut um sie kümmerst, wird sie blühen und dein Herz erfreuen. Wenn du sie vernachlässigst, wird sie eingehen. Von nichts kommt nichts, alles besteht aus Ursache und Wirkung."

So begann ich früh zu verstehen, dass man im Leben eine klare Vorstellung von dem braucht, was man erreichen und besitzen möchte. Und sich auch genau überlegen sollte, ob man bereit ist, die Verantwortung für das Erlangte zu übernehmen. Auch lernte ich, dass man ein oder womöglich mehrere Opfer bringen muss, wenn man etwas bekommen möchte. Und nur wer eindeutig weiß, was er will, kann auch konkret seine Wünsche äußern – und sich überraschen lassen, denn wer bittet, der empfängt oftmals viel großzügiger, als er es zu hoffen gewagt hätte (siehe Matthäus 7,7f: *Bittet, so wird euch gegeben; suchet, so werdet ihr finden; klopfet an, so wird euch aufgetan. Denn wer da bittet, der empfängt; und wer da sucht, der findet; und wer da anklopft, dem wird aufgetan.*)

Doch eines Tages passierte das Unglaubliche: Es rückten Bagger an und rissen die Mauer bei der Kirche ab und mit ihr meine geliebten Rosen. Sie töteten sie einfach. Ich war entsetzt. Völlig teilnahmslos, ja herzlos, so erschien es mir damals, riss man diese zarten, empfindlichen Rosen ab. Ich bin mir sicher, die Rosen hätten sich gerne gewehrt, aber ihre einzige Waffe waren ihre Dornen. Diese waren jedoch sehr klein. Was konnten sie also schon gegen einen so grausamen Feind und Zerstörer wie einen Bagger bewirken?

Dann errichtete man statt der alten eine neue Mauer. Sie war aus unterschiedlich gehauenen Sandsteinen gebaut. Aber der Zauber fehlte. Sie war eben neu und gleichmäßig. Sie hatte keine Seele. Neben den seltenen Rosen verschwanden auch die unzähligen Schmetterlinge und Bienen, denn auch diese wurden mit der Zerstörung der Rosen ihres Lebensraumes beraubt. Das war schrecklich. Alle lobten die neue Mauer, ich aber hätte weinen können.

Vielleicht habe ich sie schon damals als Symbol für die Zerbrechlichkeit und Schönheit der menschlichen Seele gesehen, die in unserer Welt oft so rücksichtslos der Funktionalität geopfert wird.

So ist es auch im wirklichen Leben. Wir handeln oft rücksichtslos und brutal, in Wort und Taten. Dadurch beschädigen und zerstören wir Menschenseelen und Freundschaften oft irreparabel. Es ist uns oftmals gar nicht bewusst, mit welcher Selbstherrlichkeit und Gewalt wir über die Gefühle und Empfindungen unserer Mitmenschen hinwegrollen wie der Bagger über die Rosen. Dabei sollten wir uns gegenseitig in Liebe und Verständnis begegnen. Ich möchte hier mein Lieblingsgedicht von Ferdinand Freiligrath zitieren:

O lieb', solang du lieben kannst!

O lieb', solang du lieben kannst!
O lieb', solang du lieben magst!
Die Stunde kommt, die Stunde kommt,
Wo du an Gräbern stehst und klagst!

Und sorge, dass dein Herze glüht
Und Liebe hegt und Liebe trägt,
Solang ihm noch ein ander Herz
In Liebe warm entgegenschlägt!

Und wer dir seine Brust erschließt,
O tu ihm, was du kannst, zulieb'!
Und mach' ihm jede Stunde froh,
Und mach' ihm keine Stunde trüb!

Und hüte deine Zunge wohl,
Bald ist ein böses Wort gesagt!
O Gott, es war nicht bös gemeint –
Der andre aber geht und klagt.

O lieb', solang du lieben kannst!
O lieb', solang du lieben magst!
Die Stunde kommt, die Stunde kommt,
Wo du an Gräbern stehst und klagst!

Dann kniest du nieder an der Gruft
Und birgst die Augen, trüb und nass,
– Sie sehn den andern nimmermehr –
Ins lange, feuchte Kirchhofsgras.

Und sprichst: O schau' auf mich herab,
Der hier an deinem Grabe weint!
Vergib, dass ich gekränkt dich hab'!
O Gott, es war nicht bös gemeint!

Er aber sieht und hört dich nicht,
Kommt nicht, dass du ihn froh umfängst;
Der Mund, der oft dich küsste, spricht
Nie wieder: Ich vergab dir längst!

Er tat's, vergab dir lange schon,
Doch manche heiße Träne fiel
Um dich und um dein herbes Wort –
Doch still – er ruht, er ist am Ziel!

O lieb', solang du lieben kannst!
O lieb', solang du lieben magst!
Die Stunde kommt, die Stunde kommt,
Wo du an Gräbern stehst und klagst!

Der einzige Trost für die entschwundenen Rosen war für mich
der riesige Birnbaum des Dorfschmieds, der seine Schmiede
direkt neben der Kirche hatte. Die Äste des Baumes bogen sich
unter der Last der Birnen. Hunderte, vielleicht Tausende wohl-
schmeckender Birnen trugen seine Äste. Der Geschmack war
unvergleichlich. Sie waren sehr klein und hatten eine zarte Schale,

und wenn man hineinbiss, explodierte ein Genussfeuerwerk. Die Birnen, die man heutzutage dagegen kaufen kann, sind geschmacklich nur ein schlechter Abklatsch dieser Früchte.

Der Boden war übersät mit unzähligen kleinen Birnen, und es schwirrten unendlich viele Bienen und Wespen um diesen reich gedeckten Tisch. Ich freute mich, dass den Insekten zumindest dieser Ort erhalten blieb, und betete zu Gott, dass der Baum niemals gefällt werden würde. Er wurde es nicht.

Wir waren oft beim Schmied. Er war ein gütiger Mann, der uns Kinder gerne empfing. Nicht selten brachte seine Frau uns eine Tasche, damit wir so viele wie möglich von diesen wunderbaren, wohlschmeckenden Birnen mitnehmen konnten. Das war übrigens auf dem Land selbstverständlich. Wenn man etwas hatte, dann teilte man, ob es nun Birnen oder Blumen waren.

Besonders interessant war es für uns, wenn Pferde zum Schmied gebracht wurden, um neue Hufeisen zu bekommen. Die Pferde standen wiehernd und schnaubend und mit den Hufen scharrend vor der Schmiede, während der Schmied drinnen das Eisen in der heißen Glut des Ofens erhitzte, dass die Funken nur so flogen.

Ich betrachtete das Schauspiel immer wieder gern. Fasziniert sah ich in den Funken unzählige Derwische tanzen. Die glühenden Eisen wurden mit einer Zange gebogen, während der Schmied mit dem Hammer auf das Metall schlug, bis es die Form eines Hufes hatte. Wie ein maßgeschneiderter Schuh für Pferde. Dann wurden die Hufe ausgekratzt. Mit einem Haken wurden Erde, Dreck und Strohreste herausgeschabt. Als der Schmied dann ansetzte und das rot schimmernde, heiße Eisen an den Huf legte, hatte ich immer entsetzliche Angst, er könne damit das Pferd verletzen. Doch meine Sorge war unbegründet. Es rauchte zwar wie verrückt, und auch das Hämmern war nicht zu überhören, doch die Pferde verspürten keinen Schmerz, wie uns der gute Schmied immer versicherte. Sie waren allesamt wohlgenährt, wurden gehegt und gepflegt. Am Schluss wurden die Hufe schwarz eingeschmiert – das Pferd sah fantastisch aus. Noch heute habe ich den Geruch des verbrannten Horns in der Nase, wenn ich daran denke. Es roch sehr gut.

Ich muss heute sagen, der Schmied und seine Frau lebten das Christentum in edelster Form. Sie waren stets für andere Menschen da, nie hörte ich ein schlechtes Wort von ihnen über jemanden. Sie hielten sich von Klatsch und Tratsch fern und waren keine dieser „Sonntagschristen", die demonstrativ ihren Kirchgang vorführten, als sei es eine allsonntägliche Prozession. Der Wettbewerb um Moral und Ansehen war ihnen völlig fremd, und mit ihrer Herzensgüte und Großzügigkeit waren sie für mich ein Geschenk des Himmels. Vielleicht lebten sie nicht zufällig direkt neben der Kirche.

Ich liebte die Ruhe des Kirchgartens und der Kirche. Wenn ich dem Gottesdienst beiwohnte, stellte ich mir wiederholt vor, wie es wohl wäre, wenn ich dieses Kirchenschiff ganz für mich allein hätte. Doch das war in natura leider nicht festzustellen, da die Kirche außerhalb der üblichen Gottesdienstzeiten verschlossen war. Eine Kirche, welche meistens versperrt war, erschloss sich wiederum mir nicht, war mir ein Rätsel, eine Enttäuschung, da ich die Ruhe des Gotteshauses liebte und suchte.

Eine Kirche, welche meistens versperrt war, erschloss sich wiederum mir nicht. Ich fragte mich: „Wie in aller Welt kann man denn bitte ein Gotteshaus zusperren?"

Ich fragte mich: „Wie in aller Welt kann man denn bitte ein Gotteshaus zusperren?"

Und wenn wir Kinder es dann aus Neugierde doch einmal wagten, samstags einen Schritt durch die geöffnete Tür in die Kirche zu machen – diese war dann nämlich geöffnet, weil die Mesnerin ihre Blumen arrangierte und die Kirche auf Hochglanz brachte –, verwies sie uns gleich aus der Kirche. Die Mesnerin war eine gottesfürchtige Frau um die 50, und sie versah ihren Dienst bereits sehr lange und sehr gewissenhaft. Alles war stets blitzsauber. Man hätte von dem grauen Steinboden essen können. Uns Kinder betrachtete sie immer argwöhnisch; wir schienen ihr immer eine latente Gefahr darzustellen. Sie dachte wohl, Kinder machen nur Schmutz.

Ihre Blumenarrangements waren allerdings eine Sensation. Unsere Kirche war immer geschmückt, als stünde eine Königshochzeit an. Riesige Blumensträuße prangten auf dem Altar. Je nach Jahreszeit wechselten die Blumen, mal Tulpen, mal Gladiolen. Die Gemeinde hatte ihr viel zu verdanken. Wir Kinder allerdings fürchteten sie und hegten keine Sympathien für sie.

Der Pfarrer verfügte ebenso über recht wenig Geschick, die Jugend zu erreichen, er war nahezu genauso uncharmant und kurz angebunden wie die Mesnerin. Nun, zu sagen, ich sei mir nicht sicher, ob unser Pfarrer ein Herz hatte, wäre doch etwas zu drastisch, aber für mich als Kind strahlte er die Herzlichkeit eines kalten Fischs aus. In meiner kindlichen Vorstellung war ein Pfarrer ein Mensch mit Vorbildfunktion, ein besonderer Mensch, voller Verständnis und Güte, schließlich redete er über Gott und vertrat diesen in der Gemeinde. Doch zu meinem Entsetzen stellte ich fest, dass auch er nur ein Mensch mit Unzulänglichkeiten und Fehlern war. Wenn wir Kinder bei ihm Klingelmännchen spielten, reagierte er nicht gutmütig oder leicht genervt, sondern rief uns schlimme Drohungen und Beschimpfungen hinterher. Das hat sich mir tief eingeprägt.

Der Pfarrer wusste auch über unsere katastrophale häusliche Situation Bescheid, kümmerte sich aber allerhöchstens peripher darum. Zudem hatte er, und das fand ich am schlimmsten, absolut keinen Humor. So fand ich auch seine Predigten mitunter enervierend, klinkte mich dann recht schnell aus und begann in Gedanken, die Kirche innenarchitektonisch und dekorativ umzugestalten.

Zum einen, so dachte ich, wären barocke Engel und ein opulenter Altar schön, und dann gerne einige bunte Kirchenfenster und goldene barocke Rahmen. Ich stellte mir vor, wie schön die Kirche aussehen könnte, wenn die Decken reich bemalt wären und Kronleuchter von den Decken hängen würden.

Das war mir so, wie es jetzt aussah, doch alles etwas zu puritanisch, zu schlicht und einfach. Wenn ich dagegen die Bilder im Fernsehen aus dem Vatikan sah – Prunk und Pracht in der katholischen Kirche, Putten in Gold gehüllt, die Muttergottes mit schönem Antlitz und reich verzierter Garderobe –, musste ich nicht lange überlegen, wo es mir besser gefiel.

Sehr irritierend wirkten auf mich auch all diese Leute, die am Sonntag schön brav in die Kirche gingen, die guten Christen gebend, und den Rest der Woche andere Menschen kleinkariert, kleingeistig und mit Vorurteilen behaftet taxierten, beurteilten, verurteilten – die waren mir zu spießig, zu unehrlich und suspekt. Alles musste in ihren Köpfen nach vorgefertigten Regeln vonstattengehen. Nur nicht über den Tellerrand hinausschauen. Dazu fehlte es ihnen aus meiner Sicht auch an Eleganz und Stil.

Es schien, als ob man alle Originalität und Kreativität an der Kirchentür abgeben müsste.

Auch erweckte das, was ich in der Kirche hörte, in mir viele Fragen, die mir niemand beantwortete. Zum Beispiel, wie das später im Himmel einmal geregelt sein würde, wenn man dort hinkam und alle wiedertraf. Ob wir dann auch unsere Lieblingstiere wiedersehen oder ob es für die Tiere einen extra Himmel geben würde. Zudem besorgte mich der Gedanke, dass es da oben doch mit der Zeit recht überfüllt sein musste und wahrscheinlich auch sehr dreckig, wenn all die Kühe und Schweine auch dort leben sollten.

Und dann die Hölle, diese unentwegte Gefahr, das Damoklesschwert, das stets drohend über einem schwebte, wenn man nicht den Anweisungen der Kirche folgte. Ich malte sie mir in den schrecklichsten Farben aus. Der Teufel sei überall, sagte man mir. Er habe zwei Hörner und sei rabenschwarz. Meine Überlegung dazu war: Wenn der Teufel überall war, aber Gott saß da oben im Himmel, stimmte doch etwas nicht, denn wieso war dann Gott nicht auch überall? Das wollte mir nicht in den Kopf.

Ich hörte, dass Jesus für unsere Sünden gestorben war, auch für meine. Ich fragte mich allerdings, für was genau, denn was hatte ich denn falsch gemacht? Welche Sünden soll denn bitte ein fünfjähriges Kind schon angehäuft haben?

Immer, wenn ich aus der Kirche kam, hatte ich das Gefühl, minderwertig und sündhaft zu sein.

Immer, wenn ich aus der Kirche kam, hatte ich das Gefühl, minderwertig und sündhaft zu sein.

Dazu trugen auch die ach so „gläubigen" Frauen bei, die jeden Sonntag in die Kirche rannten und die Moral des Ortes verwalteten. Sie beurteilten und verurteilten und bewerteten jeden anhand der Menge der Gottesdienstbesuche und Gebete, die man absolvierte. Sie betrachteten mich zumeist auch wie die verdorbene Frucht eines gottlosen Ackers, da meine Eltern der Kirche außer an Weihnachten fernblieben.

Kein Wunder, dass ich mich in dieser Kirche nicht wohlfühlte, obwohl ich eigentlich gern hinging und eine Zuflucht gebraucht hätte.

Ich wusste nicht, wie **GOTT AUSSIEHT,** aber ein **SPIEßER** war er nicht, da war ich mir sicher.

Man muss Gottes Güte regnen lassen,
aber selbst das Land pflügen.

JULIUS LANGBEHN (1851 – 1907), DEUTSCHER
SCHRIFTSTELLER UND KULTURKRITIKER

Kapitel 2:
Träume und Sehnsüchte

Eines war mir klar: Ich erwartete mehr vom Leben als dieser Ort mir bieten konnte. Meine Großmutter pflegte stets zu sagen: „Junge, hilf dir selbst, dann hilft dir auch Gott!"

Ich war überzeugt davon, dass Gott das hier auch alles zu spießig war. Ich wusste zwar nicht wirklich, wie Gott aussieht, was er für Kleider trägt und was für eine Frisur, aber ein Spießer war er nicht, da war ich mir felsenfest sicher. *Vielleicht ist er ja sogar eine Frau*, dachte ich mir, *wer weiß es denn bitte? Hat ihn schon einmal jemand gesehen? Nicht, dass ich wüsste.*

Also, ich wollte da raus, je früher, desto besser, und nicht zuletzt durch die Art, wie die Kirche und der Pfarrer an mir versagt hatten, prägte sich meine Devise: Ich darf nicht warten, bis vielleicht einer kommt und mir hilft, sondern ich muss selbst in Aktion treten. Mir selbst Möglichkeiten schaffen.

Wenn man im Leben etwas erreichen will, muss man zuerst feststellen, was man erwartet, und dann daran arbeiten, denn von nichts kommt nichts. Das wurde mir sehr früh klar. Und ich beschloss, dies so schnell wie möglich in Angriff zu nehmen.

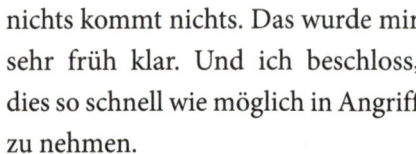

Ich wusste zwar nicht wirklich, wie Gott aussieht, was er für Kleider trägt und was für eine Frisur, aber ein Spießer war er nicht, da war ich mir felsenfest sicher. Vielleicht ist er ja sogar eine Frau, dachte ich mir.

Als ich ein kleiner Junge war, schaute ich mir vorzugsweise Hollywood-Filme an, in denen es um reiche, elegante Leute ging, aber auch Mantel-und-Degen-Filme à la D'Artagnan. So rettete ich mich über schlechte Zeiten. Ich wollte eine heile Welt, denn meine Seele dürstete danach. Dies waren meine Rettungsboote, die mich durch die Orkane meines Lebens brachten, über meine Rettungsbrücken in eine bessere Welt.

Ich stellte fest, dass da noch ganz viel anderes in mir schlummerte. Hoffnungen, Träume und Sehnsüchte. Und einige andere Facetten meines Seins. Mir war, als steckten da noch andere Persönlichkeiten in mir.

Denken Sie nicht auch manchmal, dass in Ihnen eigentlich eine ganz andere Person steckt als jene, die Sie momentan sind oder zu sein scheinen? Vielleicht der schöne elegante Schwan, der für ein hässliches Entlein gehalten wird? Ja richtig, unsere Persönlichkeit besteht aus vielen verschiedenen Facetten. Ich habe es geschafft, heute bin ich der Schwan, der Menschen in seinen Bann zieht. Ich habe immer davon geträumt, ein Leben in Luxus und Reichtum zu leben und etwas Besonderes zu sein. In meinen Augen ist jeder Mensch etwas ganz Besonderes und sollte das seiner Umwelt auch sichtbar zeigen.

Ich träumte von der großen weiten Welt, von Hollywood und New York. Und meine Träume wurden Wirklichkeit. Ich bin davon überzeugt: Wir würden viel mehr von dem bekommen, was sich unsere Seelen wünschen, wenn wir uns trauen würden, darum zu bitten – und es dann auch anzunehmen. Wir allein sind es, die Begrenzungen schaffen, Gott kennt keine Begrenzungen, kein Zuviel. Gott gibt im Überfluss mit Freude. *Und alles, was ihr bittet im Gebet: so ihr glaubt, werdet ihr's empfangen* (Matthäus 21,22).

Ich wollte eine heile Welt, denn meine Seele dürstete danach. Dies waren meine Rettungsboote, die mich durch die Orkane meines Lebens brachten, über meine Rettungsbrücken in eine bessere Welt.

Wie Millionen anderer Menschen trat ich schließlich aus der Kirche aus. Nicht nur in materieller Hinsicht, auch im Blick auf das Spirituelle beschloss ich, mein Leben selbst in die Hand zu nehmen. Ich suchte mir meinen eigenen Weg, befasste mich mit anderen Religionen und besonders intensiv mit der Esoterik, in der ich viele Antworten auf meine Fragen fand.

Ich habe für mich zu meinem ganz eigenen Glauben gefunden, mit dem ich sehr glücklich bin. In den Schoß der Kirche werde ich sicherlich nicht mehr zurückkehren, dazu bin ich auch in geistlicher Hinsicht zu eigenständig. Dennoch ist mir die Kirche nicht egal, ich beobachte ihre Entwicklung oder Nicht-Entwicklung weiterhin mit großem Interesse und Bedauern, aber auch mit Hoffnung.

Vor ein paar Wochen war ich in den USA. Udo Spreitzenbarth, ein Starfotograf in New York, fotografierte mich für eine Ausstellung und ein Buch, um mich der Welt als Ikone zu präsentieren. Das hätte sich in meiner Kindheit niemand träumen lassen, dass ich das schaffe, aus eigener Kraft, bei diesen miesen Voraussetzungen, welche mir mitgegeben wurden.

Statt wie früher in einem kalten, zugigen, ungemütlichen Haus ein Leben voller Leid und Entbehrungen zu führen, residiere ich jetzt, wenn ich in New York bin, im märchenhaften Plaza Hotel. Das Plaza spiegelt die Geschichte und Eleganz von New York City wider. Allein die Lobby ist schon sehr luxuriös. Weißer Marmorboden und Kronleuchter, wohin man schaut – alles ist in Weiß und Gold gehalten. Die Suiten sind exquisit und dekorativ, im Stil Louis XV.

Und mit einem Blick aus dem Fenster schaut man direkt auf den grünen Central Park, der so vieles in sich birgt. Von Weitem sieht er nur wie eine riesige Grünanlage aus. Doch schaut man genauer hin und betritt den Park, so entdeckt man die Romantik des Central Parks. Der Park umfasst 340 Hektar. Wahnsinn! Ich glaube, man braucht sicherlich viele Stunden, wenn nicht Tage, um die Größe zu erfassen und alles gesehen zu haben.

Doch hier sieht man nicht nur, hier erlebt man.

So kann man spazieren gehen, rudern, essen und, und, und, und. Der Central Park wird auch die grüne Lunge New Yorks genannt. Nicht zu Unrecht. Ich merke immer wieder, wie schnell der Stress und der immense Lärm der Stadt verfliegen, sobald man den Park erreicht hat. Was man dann hört, ist das Gezwitscher der Vögel und das Lachen der Kinder. Alle paar Minuten sieht man joggende Frauen und Männer oder Radfahrer. Überhaupt sind die Menschen hier sehr sportlich und auf ihr Äußeres bedacht.

New York ist für mich quasi das Synonym, der Beweis dafür, dass man alles erreichen kann, wenn man nur will. Doch wie so oft hat all das auch eine Schattenseite.

Wenn man aus einem Wolkenkratzer auf die Straßen New Yorks hinunterblickt, gleicht das Ganze einem geschäftigen Ameisenhaufen. Die Menschen hasten von einem Ort zum anderen, andere wiederum schlagen die Langeweile tot, indem sie die glitzernden Auslagen der Geschäfte betrachten. Und wieder andere kompensieren damit ihre Einsamkeit.

Doch wenn der Kaufrausch vorüber ist, folgt bei vielen Menschen die Ernüchterung, oftmals in doppelter Hinsicht: Das Geld ist man los, die Probleme und die Einsamkeit aber sind geblieben oder wurden noch größer.

Mitunter wünschen wir uns, so zu leben wie die Reichen, doch was bedeutet dieser Wunsch, was ist die Essenz, der Vater des Gedankens? Wünschen wir uns wirklich die Villa, den Lamborghini, die Bediensteten … oder einfach nur Beachtung oder die vermeintliche Sicherheit und Zufriedenheit, die wir hinter der Fassade vermuten?

Liebloses, bösartiges Handeln, Hass, Neid und Missgunst sind die Feinde des Glücks. Es ist das große Geschenk von Jesus an uns, dass wir jeden Tag jederzeit neu beginnen können.

Glück lässt sich nicht kaufen. Glück muss man sich erarbeiten, indem man es anstrebt und alles tut, um es anzuziehen – und alles unterlässt, was einen davon entfernt.

Was entfernt uns vom Glück? Alles, was uns auch von Gott und den Menschen entfernt. Liebloses, bösartiges Handeln, Hass, Neid und Missgunst sind die Feinde des Glücks. Es ist das große Geschenk von Jesus an uns, dass wir jeden Tag jederzeit neu beginnen können.

Die Vergangenheit ist tot, sie ist nicht mehr existent. Es sei denn, wir erhalten sie aufrecht. Was immer wir in der Vergangenheit getan haben, sollten wir bereuen und uns vergeben lassen – und dann unsere schlechten Taten hinter uns lassen und das Gute mit ins Jetzt nehmen. Niemand anders kann uns Glück schenken, nur wir selbst. Ein Leben in Ehrlichkeit und Gradlinigkeit, getragen von edlen Absichten und Selbstliebe und Achtsamkeit, ist die direkte Straße zum Glück.

Gerade in der kalten, unmenschlichen Anonymität der Millionenmetropolen wie New York ist die Einsamkeit zu Hause. Mehr noch als in einem kleinen Ort, wo jeder den Nachbarn kennt, lebt man hier fast isoliert. Wenn ich so aus dem Fenster meines Hotels blicke, wird mir wieder klar: Da draußen sind viele Tausende Menschen, die gern glauben wollen, die auf der Suche sind nach einem Sinn, Wärme und Geborgenheit, einem Halt im Leben.

Fast jeden Tag begegne ich Menschen, die mir von dieser Suche erzählen und die in sich eine tiefe Sehnsucht nach mehr verspüren, sich aber in der Kirche nicht wiederfinden und sich nicht von ihr wahrgenommen fühlen.

Fast jeden Tag begegne ich Menschen, die mir von dieser Suche erzählen und die in sich eine tiefe Sehnsucht nach mehr verspüren, sich aber in der Kirche nicht wiederfinden und sich nicht von ihr wahrgenommen fühlen. Dabei würde der Glaube eine wichtige Quelle für all das bieten, er spendet Trost und bietet Zuversicht.

Die Kirche, vor allem die katholische Kirche, präsentiert sich seit Jahrhunderten gern als eine unanfechtbare, heilige Instanz. Das ist sie nicht, keineswegs. Vielmehr sehe ich sie als einen Dienstleister – doch ihren so wichtigen Dienst verkauft sie grottenschlecht. (Aber dazu kommen wir später.)

Der Fairness halber will ich auch erwähnen, dass die Kirche viele großartige Dinge tat und tut. Ohne die Kirche gäbe es viele Sozialwerke und Krankenhäuser, aber auch viele Kunstwerke und beeindruckende Gebäude nicht. Kunst ist etwas, das den Menschen innerlich erfreut, die Seele bereichert und in meinen Augen lebensnotwendig ist.

Die Menschen klagen heute immer mehr über eine zunehmende Vereinsamung und brauchen eine Gemeinschaft, die sie auffängt. Und all diesen Menschen könnte die Kirche auch heute noch die beste Botschaft der Welt vermitteln … wenn sie sich denn endlich mehr öffnen

Die Menschen klagen heute immer mehr über eine zunehmende Vereinsamung und brauchen eine Gemeinschaft, die sie auffängt. Und all diesen Menschen könnte die Kirche auch heute noch die beste Botschaft der Welt vermitteln.

würde, in Bewegung käme, auf die Menschen zu, statt immer weiter hinter der Entwicklung der Menschheit zurückzufallen und im Staub der Vergangenheit und Bedeutungslosigkeit zu versinken.

Noch könnte man das Ruder herumreißen! Wie das aussehen kann, das möchte ich im Folgenden aus verschiedenen Blickwinkeln betrachten.

Es ist wie **WEDER GUT** noch **SCHLECHT**, homosexuell zu sein – es ist eine **REALITÄT**, die man sich **NICHT AUSSUCHEN** kann.

Nicht der Homosexuelle ist pervers,
sondern die Situation, in der er lebt.

ROSA VON PRAUNHEIM (* 1942), DEUTSCHER FILMREGISSEUR UND AUTOR

Kapitel 3:
Homosexualität und Kirche

Geboren in eine Familie, in der Terror und Gewalt herrsch-
ten, hat es für mich als Kind keinerlei Halt und Stütze gegeben. Ich war, solange ich denken kann, völlig auf mich allein
gestellt, wie eine zarte Pflanze im Sturm. Das war mein Start in
dieses Leben.

Dass ich mir dann in relativ jungen Jahren, genauer gesagt
mit circa zehn, auch noch gewahr wurde, dass ich mich mehr
zu Männern als zu Frauen hingezogen fühlte, machte das Ganze
nicht gerade einfacher. Homosexualität war für mich damals
noch kein Begriff. Im Volksmund nannte man es „schwul", das
trug für mich auch nicht zur Klärung bei. Doch den Reaktionen der Leute oder dem Verschweigen des Themas nach zu fol-
gern, schien es etwas zu sein, was irgendwie abnorm, um nicht
zu sagen krank war.

Also türmte sich durch diese Erkenntnis das nächste Problem
für mich auf, mit dem ich auch wieder völlig auf mich allein

gestellt war. Denn wen bitte hätte ich denn in einem kleinen, verträumten Ort in den Siebzigerjahren darauf ansprechen sollen?

Die Einzige, die ich vielleicht hätte um Rat fragen und auf deren Verständnis ich hätte hoffen können, war meine Großmutter mütterlicherseits, eine sehr aufgeschlossene, aufgeweckte Frau mit sehr modernen Ansichten. Allerdings traute ich mich das nicht. Meine Mutter wiederum war zu sehr in ihre eigenen Probleme verstrickt, als dass ich ihr auch noch mit dieser Sache auf die Nerven gehen wollte. Und mit einem Vater, der von Beruf Metzger und ein Macho vor dem Herrn war, war es nicht gerade einfach, seine eigene empfindsame Seite als gegeben zu akzeptieren, geschweige denn nach außen zu kehren.

Wenn man in einem kleinen Ort lebt, in dem jeder jeden kennt, bleibt nahezu nichts unbemerkt. Dafür sorgten auch schon die bereits erwähnten Damen des Ortes, die so fleißig die Kirche frequentierten und die Moral verwalteten, indem sie nicht nur alles wussten, sondern auch direkt weitertratschten. Wenn man nun also feststellt, dass man anders ist als der Rest, und in meinem Fall homosexuell, hat man erst mal ein Problem. Besser gesagt mehrere Probleme.

Nun muss man sich vor Augen halten, dass wir heute in einer Gesellschaft leben, die ziemlich aufgeklärt ist. Doch meine Geschichte spielte sich vor 30 Jahren ab. Damals war noch der berüchtigte Paragraf 175 in Kraft, nach dem sexuelle Handlungen unter Männern strafbar waren. Man war automatisch zu einem Verbrecher abgestempelt, was dazu führte, dass man natürlich versuchte, das Ganze möglichst geheim zu halten.

Wenn man das nun im Zusammenhang mit meiner ohnehin bereits katastrophalen Situation im Elternhaus sieht, von wo ich keinerlei Verständnis erwarten konnte, kann man sich vorstellen, was das in einem jungen Mann auslöst.

Mit 16 Jahren suchte ich die Hilfe einer Psychologin und geriet an eine ältere Dame, die offensichtlich ihren Doktor in der Nazizeit gemacht haben muss. Diese Dame offerierte mir, Homosexualität sei eine Krankheit und heilbar. Ich solle mir eine Freundin suchen und mir diese perversen und sündigen Gedanken aus dem Kopf schlagen, dann ginge das schon vorbei. Dass ich auf weitere Besuche bei dieser Ärztin verzichtete, muss ich wohl nicht weiter erwähnen.

Das wäre spätestens der Punkt gewesen, an dem ich einen Seelsorger gebraucht hätte, mit dem ich offen über dieses Thema hätte sprechen können. Eine Kirche, in der ich mich aufgenommen, umarmt, verstanden und so akzeptiert gefühlt hätte, wie ich bin. Bei der ich Halt gefunden hätte, aufgefangen in einem weichen Kokon von Verständnis, Liebe und Fürsorge.

Aber genau hier versagte die Kirche an mir, und sie versagt noch immer jeden Tag an vielen Tausend Menschen, denen es ähnlich geht wie mir damals. Statt Liebe und Fürsorge walten zu lassen, schwingt sie nach wie vor nur das Zepter der Moral. Beurteilt und verurteilt, anstatt Verständnis zu üben.

> Ich hätte einen Seelsorger gebraucht, mit dem ich offen über dieses Thema hätte sprechen können. Eine Kirche, in der ich mich aufgenommen, umarmt, verstanden und so akzeptiert gefühlt hätte, wie ich bin.

Homosexuelle Handlungen sind eine Sünde – zumindest aus Sicht der katholischen Kirche. Inzwischen wurde Homosexualität aber als Veranlagung eingestuft. Wie kann eine Veranlagung jedoch eine Sünde sein?

Der frühere Bürgermeister von Berlin, Klaus Wowereit, sagte einmal: „Ich bin schwul, und das ist gut so!" Ich persönlich sehe das anders. Es ist weder gut noch schlecht, homosexuell zu sein – es ist eine Realität, die man sich nicht aussuchen kann, sondern mit der man konfrontiert wird.

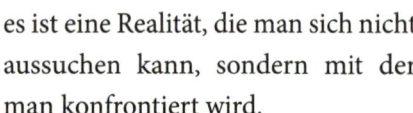

Klaus Wowereit sagte einmal: „Ich bin schwul und das ist gut so!" Ich sehe das anders. Es ist weder gut noch schlecht, homosexuell zu sein – es ist eine Realität, die man sich nicht aussuchen kann, sondern mit der man konfrontiert wird.

Man hat nicht die Möglichkeit der Wahl: „Oh, was für eine Sexualität nehme ich denn mal an, werde ich homosexuell, bisexuell oder heterosexuell?" – als wäre das eine Frage wie: „Trage ich nun den schwarzen Anzug oder den roten?"

Nein, es ist eine Tatsache, der man sich stellen muss. Gott macht keine Fehler, und wenn wir als gläubige Christen davon ausgehen, dass Gott allmächtig ist und er Homosexualität verurteilen würde, dann wäre diese nicht existent. Und kommen Sie mir jetzt nicht mit dem alten Kirchenmärchen, es sei nicht Gott, der dafür verantwortlich sei, sondern der Teufel, welcher uns verführt habe. Mich hat niemand zu irgendetwas verführt. Ich war einfach ein unschuldiger Junge, der feststellte, dass er auf Männer steht.

Vom Teufel verführt sind wohl eher Leute, die sich als gute Christen betrachten, aber sich über andere stellen, sie richten und sie beschämen. Ich bin kein Theologe, aber ein guter Christ sollte nach allem, was ich weiß und von der Bibel verstanden habe, ein Leben geleitet von Liebe und Demut führen. Sich der eigenen Fehlbarkeit und seiner Unzulänglichkeiten bewusst, wird er für seine Mitmenschen jederzeit Verständnis aufbringen und in jeder Lebenslage helfen, wo es nötig ist.

Wie aber kann man das von Gläubigen erwarten, wenn die Kirche hier versagt, statt den Begünstigten – ich sage bewusst nicht Betroffenen, denn wer sagt denn, dass es etwas Schlechtes ist? – zu helfen? Damit meine ich den Homosexuellen und seine Angehörigen, denn gerade sie bedürfen der Hilfe und Zuwendung. Oft leiden sie unter der Angst vor den möglichen Reaktionen der Gesellschaft, sind beschämt, verunsichert und verängstigt. Hier wäre Seelsorge vonnöten, aber zumeist nicht denkbar, da die Kirche in gerade dieser Angelegenheit nicht als der richtige Ansprechpartner erscheint. So ähnlich erging es ja auch mir.

Es würde der Kirche gut zu Gesicht stehen, sich an ihre seelsorgerischen Pflichten zu erinnern und Homosexualität als das anzuerkennen, was sie ist, als eine Realität, eine Form der Sexualität, die genauso gottgegeben ist wie Heterosexualität. Sie sollte Homosexuellen und ihren Angehörigen beistehen, um die von den im Übrigen zumeist von den Kirchen geprägten und geschürten Vorurteilen und Verurteilungen zu revidieren und in der Gesellschaft zu eliminieren.

Die evangelische Kirche ist da erfreulicherweise zumindest in Teilen fortschrittlicher und offener als die katholische. So entschied die Landessynode der Rheinischen Kirche 2016, in Zukunft Trauungen homosexueller Paare mit der Ehe gleichzustellen. Die Landeskirche will künftig alle Partnerschaften gleich behandeln. Es kommt nicht mehr darauf an, ob homo oder hetero, sondern darauf, ob die Paare Verlässlichkeit, Verbindlichkeit und Verantwortung leben. Weil Gott bei den Menschen keine Rangfolge kennt, darf aus meiner Sicht auch die Kirche keine Unterschiede machen. Auch der Katechismus fordert im Übrigen: „Keine Diskriminierung."

Es ist daher nur konsequent, dass die Kirche den Paaren, die in den letzten 15 Jahren die gottesdienstliche Begleitung in Anspruch genommen haben, die nachträgliche Anerkennung als Trauung ermöglicht.

Viele evangelische Kirchen haben sich in diesem Sinn in den letzten Jahren den Homosexuellen gegenüber geöffnet – wenn auch dieser Weg ein sehr konfliktträchtiger war und bis heute in vielen Gemeinden umstritten bleibt.

Doch auch wenn in Deutschland nun die „Ehe für alle" möglich geworden ist, hält die katholische Kirche nach wie vor an ihrer Verurteilung von Homosexualität fest. Beziehungsweise ist Homosexualität eines der Themen, welchen sie sich in großen Teilen vehement verschließt. Indem ich mich jedoch etwas gegenüber verschließe, ist es noch lange nicht gelöst.

> *Ein homosexuell empfindender, gläubiger Katholik befindet sich in einer untragbaren Situation. Entweder muss er seine sexuelle Orientierung verbergen, oder er muss damit leben, als falsch, sündig und unwürdig marginalisiert zu werden.*

Ein homosexuell empfindender, gläubiger Katholik befindet sich in einer untragbaren Situation. Er hat im Grunde nur die Wahl zwischen Pest und Cholera: Entweder muss er seine sexuelle Orientierung verbergen, oder er muss damit leben, in ausgerechnet der Gemeinschaft, die ihm eigentlich wie eine liebevolle Familie sein sollte, als falsch, sündig und unwürdig marginalisiert zu werden.

In Deutschland und weltweit leiden daher noch immer gläubige Homosexuelle unter dieser unsäglichen Nicht-Vereinbarkeit ihrer Empfindungen und ehrlich gelebter Religiosität. Schlimmer noch: In vielen Ländern wird Homosexualität nach wie vor strafrechtlich verfolgt – dass solche Strafen teilweise verschärft statt abgeschafft werden, ist nicht zuletzt auch ein Mitverschulden der katholischen Kirche.

In der Frage des Umgangs mit Homosexualität befindet sich die katholische Kirche größtenteils noch genauso im Mittelalter wie in der Frage nach der Stellung der Frau. Ich bin nicht der Meinung, dass sich in Sachen Akzeptanz von Homosexuellen in der Kirche wirklich etwas geändert hätte, im Gegenteil, ich habe das Gefühl, wir befinden uns noch immer in den Zeiten der Inquisition.

Spätestens nach dem Bekanntwerden der Gräuel in der Nazizeit hätte es zu einer radikalen Wende in der Kirche kommen müssen. Stattdessen trug und trägt sie nach wie vor dazu bei, die Verfolgung und Verurteilung zu fördern.

Spätestens nach dem Bekanntwerden der Gräuel der Verfolgung und Deportierung der Homosexuellen in der Nazizeit hätte es zu einem grundlegenden Umdenken und einer radikalen Wende in der Kirche kommen müssen. Stattdessen trug und trägt sie nach wie vor unheilvoll dazu bei, die Verfolgung und Verurteilung zu fördern.

Es wäre an der Zeit für ein Schuldeingeständnis der katholischen Kirche, sie muss endlich öffentlich und weltweit eingestehen, dass sie sich über Jahrhunderte mitschuldig gemacht hat an der Ausgrenzung, Diskriminierung und Verfolgung homo- und bisexueller Menschen. Sie sollte des Weiteren alle Minderheiten innerhalb und außerhalb der Kirche akzeptieren und sich aktiv dafür einsetzen, dass diese Akzeptanz auch in der gesamten Welt Beachtung und Durchsetzung findet.

Für gläubige Katholiken gilt der Papst als moralische Instanz. Er entscheidet, was gut oder schlecht ist, und lebt es durch sein eigenes Vorbild vor. Papst Franziskus hat schon viele progressive Signale gesetzt, und auch in dieser Frage scheint er etwas in Bewegung bringen zu wollen:

Die Kirche sollte sich nach Worten von Papst Franziskus bei Homosexuellen, Armen und anderen vernachlässigten Menschen entschuldigen. „Die Christen sollten dafür um Vergebung bitten, dass sie viele falsche Entscheidungen begleitet haben", sagte das katholische Kirchenoberhaupt auf dem Rückflug von seiner dreitägigen Armenienreise (…). Dazu gehörten auch die Armen und die Ausgebeuteten. Anlass war die Frage, ob er mit dem deutschen Kardinal Reinhard Marx übereinstimme, der nach dem Massaker in einem bei der LTGB-Gemeinde beliebten Club in Orlando eine Entschuldigung gegenüber Homosexuellen gefordert hatte.

Schwule und Lesben dürften nicht diskriminiert werden, sagte der Papst. Sie müssten respektiert und seelsorgerisch begleitet werden. „Wer sind wir zu urteilen?", fragte der Papst laut Ansa und benutzte dabei eine ähnliche Formulierung wie bei seiner ersten Auslandsreise nach Brasilien 2013. Damals sagte er: „Wenn jemand Gott mit gutem Willen sucht, wer bin ich, dass ich urteile?"[2]

In einem anderen Bericht heißt es zu derselben Thematik:

Homosexuelle dürfen nach Ansicht von Papst Franziskus nicht aus der katholischen Kirche ausgegrenzt werden. Lesben und Schwule sollten vielmehr von den Gemeinden integriert, begleitet und „näher zu Gott" geführt werden, sagte das Kirchenoberhaupt am Sonntag an Bord seines Flugzeugs auf der Rückreise nach Rom von einer Reise in den Kaukasus. „Genau das würde Jesus heutzutage tun", sagte er.[3]

Auch legten die 13 deutschsprachigen Bischöfe bei der katholischen Familiensynode 2015 ein historisch einmaliges Bekenntnis ab: Sie baten homosexuell orientierte Menschen um Verzeihung, weil die Kirche ihnen durch eine harte Haltung Leid gebracht hat. Das Schlussdokument spricht von der grenzenlosen Liebe Jesu, die allen Menschen „ohne Ausnahme gilt", auch wenn die katholische Kirche weiterhin keine gleichgeschlechtlichen Partnerschaften anerkennt.[4]

Damit würde die Kirche nicht nur ihrer Aufgabe gerecht werden, sondern sie würde sich auch selbst einen Gefallen tun. Denn wie viele potenzielle Mitglieder verliert sie im Moment, obwohl sie sie dringend brauchen würde?

Es bleibt zu hoffen, dass zumindest diese positiven Ansätze nicht nur auf dem Papier gut klingen, sondern auch in die einzelnen Kirchengemeinden vordringen, in denen aus meiner Sicht noch nicht viel Veränderung stattfindet. Damit würde die Kirche nicht nur ihrer Aufgabe gerecht werden, den Menschen Zuflucht und Stütze zu sein, sondern sie würde sich auch selbst einen Gefallen tun. Denn wie viele potenziell engagierte Mitglieder verliert die Kirche im Moment täglich oder lässt sie gar nicht erst herein – obwohl sie sie dringend brauchen würde?

Dazu möchte ich einen interessanten Brief anführen: Der Mainzer Kardinal und frühere Vorsitzende der Deutschen Katholischen Bischofskonferenz, Karl Lehmann, meinte in einem Zeitungsinterview, Homosexuelle seien als Mitarbeiter der katholischen Kirche nur akzeptabel, wenn sie „mit ihrer

Homosexualität nicht öffentlich Propaganda machen". Dazu schrieb Markus Gutfleisch, Pressesprecher der Ökumenischen Arbeitsgruppe Homosexuelle und Kirche:

> *(...) Homosexuelle machen keine Propaganda für irgendetwas. Sie fordern lediglich das Recht ein, in Partnerschaften zu leben, in Gesellschaft und Kirche mit ihrer Lebensweise anerkannt zu werden und auch in der Kirche ihre Meinung zu äußern. Es handelt sich dabei um grundlegende Rechte. Bei der Anerkennung dieser Rechte hat die römisch-katholische Kirche großen Nachholbedarf.*

> *Die Arbeit in Gemeinden, Schule und Universität sowie in den zahlreichen sozialen Einrichtungen würde ohne das Engagement vieler Lesben, Schwulen, Bisexuellen und TransMenschen empfindlich leiden. Bisher aber sind diese kirchlichen Mitarbeiter und Mitarbeiterinnen gezwungen, ein Doppelleben zu führen – oder auf die Beschäftigung in einer katholischen Einrichtung zu verzichten.*

> *Offenbar hat (man) nicht begriffen, dass sich die katholische Kirche hier ein Eigentor schießt. Die Ökumenische Arbeitsgruppe Homosexuelle und Kirche setzt sich dafür ein, Diskriminierung im kirchlichen Arbeitsrecht abzubauen und den Dienst von Lesben, Schwulen, Bisexuellen und TransMenschen rechtlich und faktisch anzuerkennen.*

> *Als erster Schritt muss die Kündigungsandrohung für Menschen, die eine eingetragene Lebenspartnerschaft eingehen, aufgehoben werden. Die Arbeitsgruppe fordert die Bischöfe auf, mit Lesben, Schwulen, Bisexuellen und TransMenschen ernsthaft über eine Verbesserung der Situation zu sprechen. Die deutschen Bischöfe*

dürfen jetzt nicht weiter kneifen und zögern, wenn Papst Franzis-
kus im Interview vom 19.08.2013 sagte: „Es darf keine spirituelle
Einmischung in das persönliche Leben geben."[5]

Inzwischen wurde das Arbeitsrecht der katholischen Kirche in
dieser Frage tatsächlich reformiert.[6] Man darf gespannt sein, ob
und wann all diesen vielversprechenden Ansätzen und Worten
auch Taten folgen.

KIRCHE UND SEXUALITÄT, da denkt man sofort an **VERBOTE, LUSTFEINDLICHKEIT** und **SÜNDE.**

Und Gott der HERR sprach: Es ist nicht
gut, dass der Mensch allein sei; ich will ihm
eine Hilfe machen, die ihm entspricht.

DIE BIBEL, 1. MOSE 2,18

Kapitel 4:
Sexualität und Zölibat

ie Geschichte der Sexualität in der Kirche ist ein Drama
in vielen Akten. Kirche und Sexualität, das passt irgendwie nicht zusammen. Da denkt man sofort an Verbote, Lustfeindlichkeit und Sünde.

Dabei ist die Bibel selbst beim Thema Sexualität weder scham-
haft noch prüde. Ganz im Gegenteil, allein das Hohelied Salomos spricht
schon in sehr deutlicher Sprache gegen eine solche Annahme.

Doch wie kommt es also, dass Sexualität in der Kirche gefühlt gar
nicht stattfindet?

Im biblischen Schöpfungsbericht liest man, Mann und Frau seien beide

> Die Bibel selbst ist beim
> Thema Sexualität weder
> schamhaft noch prüde.
> Ganz im Gegenteil, allein
> das Hohelied Salomos
> spricht schon in sehr
> deutlicher Sprache gegen
> eine solche Annahme.

nach Gottes Ebenbild geschaffen. Das ist eine singuläre Aussage, gültig in der kompletten vorderorientalischen Religionswelt.

Selbst Sex innerhalb der Ehe unterlag immer wieder unterschiedlichen Vorgaben und Vorstellungen der Gesellschaft. Im frühen Christentum wurde die Ehe zugunsten der Frau zumindest auf dem Papier gefestigt, sie konnte nicht mehr wie zuvor üblich aus jedem beliebigen Grund aus der Ehe entlassen werden, sondern bekam ein Recht auf Gemeinsamkeit zugesprochen. Das Christentum hat außerdem einen Satz übernommen, der zuvor in der Stoa formuliert worden war: „Der Konsens macht die Ehe." Man konnte in der Folge Frauen nicht mehr gegen ihren Willen verheiraten.

Im Übergang von der Antike zum Mittelalter änderte sich die Einstellung zur Ehe erneut. Jetzt bestätigte nicht mehr der Konsens der Partner die Ehe, sondern die Brautnacht. Die Hochzeitsgäste standen üblicherweise schaulustig um das Bett und sahen zu, wie der erste Koitus vollzogen wurde. Danach musste als Beweis der Jungfräulichkeit der Frau das Bettlaken mit dem Blutfleck vorgezeigt werden. Eine für die Frauen unglaublich demütigende Prozedur, denn die Frau musste sexuell unberührt sein; für den ohnehin meist bedeutend älteren Mann galt der Anspruch der Unbeflecktheit nicht.

Die Leibfeindlichkeit der Kirche ist aber wohl eher ein Vermächtnis des heiligen Augustinus und anderer großer Kirchenväter. Er selbst lebte Sexualität recht offen, doch in seinen Schriften hat er das Lustempfinden in direkte Verbindung mit der Erbsünde gebracht. Jeder Verstoß gegen das sechste Gebot wurde fortan rigoros als Todsünde gewertet. Nach heutiger Erkenntnis ist die ebenfalls von Augustinus vorangetriebene Verurteilung der Onanie das Resultat einer Fehldeutung des 1. Korintherbriefs, doch die Auswirkungen reichen bis in die Gegenwart.

Teilweise lagen den Aussagen und Ansichten der Kirchenväter auch abenteuerliche biologische Vorstellungen zugrunde. Thomas von Aquin beispielsweise übernahm die Idee Platons, der Samen des Mannes würde eine Art Homunkulus beinhalten, einen quasi künstlich geschaffenen Miniatur-Menschen, der in die Scheide der Frau eingebracht werden müsse. Alles andere, wie Onanie und Geschlechtsverkehr zwischen Männern, bedeute die Ermordung dieses Wesens. Selbstverständlich wissen wir heute, dass wir es nicht mit einem einzelnen Wesen zu tun haben, vielmehr enthält jeder Samenerguss Millionen von Zellen, die somit von der Natur selbst großzügig vergeudet werden. Damit dürfte das Thema vom Tisch sein. Doch leider verharren zumindest Teile der katholischen Kirche noch immer in vielen Dingen diesen überholten Ansichten und verdrängen das ganze Thema lieber komplett.

Jahrhundertelang wurde Geistlichen und Laien das Gefühl eingetrichtert, dass Sexualität etwas Schlechtes ist, dass sie so weit wie möglich unterdrückt und am besten nicht erwähnt werden sollte.

Nicht immer waren die Kirchenväter leibfeindlich. Papst Johannes XXI., der, bevor er Papst wurde, als Arzt tätig war, meinte am Ende des 13. Jahrhunderts, in der Ehe werde gestreichelt, gekitzelt und geküsst. Den Orgasmus bezeichnete er als das „Nobilissimum Opus" der Ehe, als ihre edelste Hervorbringung. Damit bildete er aber die Ausnahme in einer langen Reihe von Kirchenvätern, die Sexualität als ungeistlich, sündhaft oder sogar widernatürlich betrachteten.

Und selbst im heutigen Verständnis der Kirche ist Sexualität noch immer nur zur Fortpflanzung innerhalb der Ehe da. Jahrhundertelang wurde Geistlichen und Laien das Gefühl eingetrichtert, dass Sexualität etwas Schlechtes ist, dass sie so weit wie möglich unterdrückt und am besten nicht erwähnt werden sollte. Doch es ist unnatürlich, wenn man so starke menschliche Begierden und Triebe rigoros verneint und unterdrückt, und hat oft fatale Folgen. Viele Geistliche haben vor lauter Angst und Verwirrung über die ihnen vorgeschriebene, aber praktisch nicht lebbare Sexualmoral komplett aufgehört, über Sexualität nachzudenken und zu sprechen. Und eine der Folgen war, dass das ganze Thema in der Kirche nicht mehr existent war – außer natürlich im Verborgenen.

Über sexuellen Missbrauch innerhalb der Kirche und durch Vertreter der Kirche möchte ich mich besser gar nicht auslassen. Oder doch?! Man muss sogar darüber reden, denn die Kirche hüllt sich in dieser brisanten Angelegenheit zu sehr in Schweigen. Dies ist ein ganz schwarzes, schreckliches Kapitel, das so manchen gläubigen Christen an der Kirche zweifeln lässt.

Ich selbst habe leider meine eigenen traurigen Erfahrungen mit diesem Thema gemacht – wenn auch nicht durch einen Geistlichen.

Das Gasthaus meiner Eltern war stets gut besucht. Daher hatten meine Eltern sehr wenig Zeit für mich, und ich war es gewohnt, von anderen ins Bett gebracht und umsorgt zu werden. Wir hatten mehrere Angestellte, und so war es für mich nichts Unübliches, Erwachsenen mein Vertrauen zu schenken und ihren Aufforderungen Folge zu leisten.

Als ich fünf Jahre alt war, nahm mich an einem Sonntag ein Bekannter der Familie in seinem Auto mit in einen nahe gelegenen Märchenpark. Dieser Bekannte war ein Gast, der im Straßenbau tätig war und für einige Wochen in unserem Gasthaus logierte. Wenn ich es mir heute so richtig überlege, war er eigentlich ein Fremder, auch für meine Eltern. Darüber machte ich mir allerdings im Alter von fünf Jahren keine Gedanken, wieso sollte ich auch. Ich vertraute meinen Eltern, und wenn die sagten: „Geh mit dem Onkel", dann ging ich eben mit dem Onkel mit.

Als wir auf dem Nachhauseweg waren von diesem Märchenpark fuhr der „nette Onkel" seitlich in einen Feldweg, öffnete seine Hose, holte sein Glied hervor und meinte, ich solle ihn streicheln. Ich verharrte wie vom Donner gerührt, und ehe ich mich's versah, nahm er meine Hand und führte sie an seine Genitalien. Ich hatte schreckliche Angst, unterdrückte aber die Tränen, denn aus meiner Erfahrung zu Hause mit meinem gewalttätigen Vater wusste ich, dass Weinen alles nur noch schlimmer machen würde.

Danach öffnete der Mann meine Hose und befummelte mein Glied. Plötzlich hörte man einen Traktor herankommen, worauf er seine Hand zurückzog und mir sagte, ich solle meinen Reißverschluss zumachen. Dann fuhr er los. Unterwegs riet er mir eindringlich, von der Sache niemandem ein Wort zu erzählen. Er habe einen Sohn in meinem Alter, und jeder wisse schließlich, dass Kinder gern so einiges zusammenfantasieren. Mein Vater würde mir sowieso nicht glauben, und es gebe dann nur einen Riesenstreit und Stress zu Hause.

Ich war völlig verängstigt. Zu Hause angekommen sagte ich, mir sei etwas schlecht, und ich würde gerne auf mein Zimmer gehen. Meinen Eltern war das recht, sie hatten ohnehin viel zu tun, und so fiel ich ihnen nicht zur Last. Und nun geschah etwas Merkwürdiges: Ob Sie es glauben oder nicht, ich habe diese Angelegenheit komplett vergessen und verdrängt, und sie kam mir erst viele Jahre später wieder ins Bewusstsein, im Alter von 32 Jahren. Das mag Sie verwundern, und manche von Ihnen werden sich fragen: „Wie kann man so etwas vergessen oder verdrängen?"

Doch in meiner Kindheit war diese Sache nur eines von so vielen schlimmen Erlebnissen, dass sie quasi eine Momentaufnahme wurde. Dazu kam sicherlich der Schock, der dazu führte, dass ich den Vorfall komplett verdrängte. Er kam erst wieder hoch, als ich in der Presse einen Artikel über einen dieser Fälle von Kindesmissbrauch in der katholischen Kirche hörte. Plötzlich stand mir der Satz vor Augen: „Oh mein Gott, das ist ja wie bei mir damals!" Und dann kamen die Bilder wieder hoch.

Ich konnte sehr gut mitfühlen, was in diesen Kindern vor sich gegangen sein muss, die sexuell genötigt und missbraucht wurden – und sogar noch schlimmer, von Priestern, von Männern Gottes, die dazu im Namen Gottes auftreten. In einer Situation, in der man sich eigentlich völlig sicher und geborgen fühlt, wird man plötzlich von dem vermeintlichen Beschützer angegriffen und zum Opfer gemacht. Das hinterlässt in einem Kind schreckliche Spuren. Wem soll man später noch vertrauen, wenn eine solche Vertrauensperson einen derart hintergeht? Man ist beschämt, man ist entsetzt, man ist verletzt und fühlt sich schmutzig, sündig, schuldig und wertlos. Dazu kommt, dass man sich nicht traut, mit jemandem darüber zu sprechen, aus Angst, dass einem niemand glauben wird. Denn man selbst kann es ja auch nicht glauben, was da passiert ist.

Wenn ein solches Kind es dann dennoch wagt, darüber zu sprechen, und am Ende des Tages wird die Sache unter den Teppich gekehrt, ist das ein weiterer Schlag ins Gesicht der Geschädigten. Wie Sie sehen, dauerte es bei mir fast weitere 20 Jahre, bis ich bereit war, über diesen Vorfall zu sprechen. Der Weg, den man zurücklegen muss, bis man ein solches traumatisches Erlebnis so weit verarbeitet hat, dass man es öffentlich machen kann, ist ein Kreuzweg. Man trägt es wie Jesus das Kreuz jahrelang mit sich herum.

Irgendwann muss dieser Teil von einem dann sterben, man muss das Alte hinter sich lassen, um neu anfangen zu können, um neu geboren zu werden. Mir wurde klar: Dafür ist Jesus gestorben. Sein Tod ist kein Freibrief, um Sünden begehen zu können, die dann vergeben werden. Es ist vielmehr ein Weg der Erkenntnis, dass man alles überstehen kann, dass man aus allem etwas lernen kann. Und egal, wie schlimm es kommt, Jesus ist für einen da, wenn man ihn braucht. Ob man Jesus sucht oder nicht, ob man an ihn glaubt oder nicht – er hat das Alte hinter sich gelassen und ist auferstanden, damit auch wir immer wieder neu beginnen können. Seine

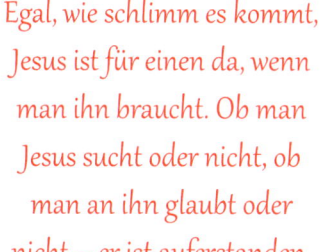

Egal, wie schlimm es kommt, Jesus ist für einen da, wenn man ihn braucht. Ob man Jesus sucht oder nicht, ob man an ihn glaubt oder nicht – er ist auferstanden, damit auch wir immer wieder neu beginnen können.

unbeschreibliche und unfassbar große Liebe und Wärme überstrahlt uns jederzeit, ob wir an ihn glauben oder nicht. Und wenn wir es zulassen und ihn rufen, dann steht er uns bei und hilft uns.

Doch eine Aufarbeitung eines so schrecklichen Traumas ist nur möglich, wenn es offen ans Tageslicht gebracht wird. Wenn die Täter ihre Schuld eingestehen und Vergebung und Heilung passieren kann. Doch leider ist es allzu oft so, dass so etwas wie Reue bei den Tätern, die diesen schäbigen Missbrauch im Namen der Kirche verübt haben, nicht oder nur sehr verhalten zu erkennen ist. Die Opfer werden auch hier meist alleingelassen. Statt sich um die Seelen zu sorgen, zerstören die Verantwortlichen durch den Missbrauch und die fehlende Aufarbeitung oftmals ganze Leben.

Das Priesterideal der katholischen Kirche duldet keinerlei Schuldzuweisung, denn dies könnte unter Umständen dieses komplett idealisierte Machtsystem zum Zusammenbruch verdammen. Das Resultat ist erschreckend: Wer ein Teil des Machtgefüges ist und in diesem eine Rolle übernimmt, muss dieser Rolle sämtliches Mitgefühl und Verständnis für die Opfer unterordnen. Sogar die direkte Begegnung mit den meist extrem traumatisierten Opfern und deren Familien kann und darf diese Haltung nicht beeinflussen. Zumindest nicht so stark, dass Mitmenschlichkeit oder ein Umdenken der Geistlichen die hierarchische Ordnung infrage stellen könnte. Ein Priester, der sexuelle Gewalt und missbräuchliche Handlungen begangen hat, wird immer zuerst als Gefahrenquelle für das System Kirche angesehen – und nicht als Gefahr für weitere potenzielle Opfer.

Ein Priester, der sexuelle Gewalt und missbräuchliche Handlungen begangen hat, wird immer zuerst als Gefahrenquelle für das System Kirche angesehen – und nicht als Gefahr für weitere potenzielle Opfer.

Ein Hauptproblem ist das idealisierte Bild des perfekten untadeligen Klerikers, das der Hierarchie der Kirche zugrunde liegt. Dieses Bild eines Übermenschen, der aufgrund seiner sexuellen Unfehlbarkeit und des Verzichts auf Sexualität eine unantastbare Sonderstellung hat, zieht eine ganze Reihe von fatalen Folgen nach sich. Will man dieses Ideal anstreben, bedarf es einer kompletten Abstinenz von Sexualität in Form des Zölibats sowie des Ausblendens der Realität durch den Ausschluss von Frauen aus dieser Männergemeinschaft, um diese sexuelle Unfehlbarkeit nicht zu gefährden. Denn die Frauen sind im patriarchalischen Weltbild spätestens seit Evas Begegnung mit der Schlange die Verführerinnen, die eine große Gefahr darstellen. „Keine Frauen in der Kirche" bedeutet „keine Ablenkung von der einzigartigen zentralen Position des männlichen Priesters".

Im Jahr 1022 ordnete Papst Benedikt VIII. auf der Synode zu Pavia gemeinsam mit Kaiser Heinrich II. an, dass es allen Geistlichen künftig verwehrt sein sollte zu heiraten. Geleitet von Habgier und dem Vorsatz, die Macht der Kirche zu stärken, trennte Papst Gregor VII. im Jahre 1075 mit seinem neu erlassenen Gesetz zum Zölibat rücksichtslos Zehntausende Priesterehen. Die Leid klagenden und leidtragenden Frauen und Kinder ließ er verjagen.

Der ökonomische Hintergrund spielte eine herausragende Rolle für die Einführung des Zölibats. Zuvor waren Priester oft Unfreie gewesen, welche sich ein besseres Leben erhofften. Damals gehörte zur Kirche meist ein Hof, der zu bewirtschaften war. Zu diesem Zweck nahmen sich die Geistlichen Frauen, denn Knechte und Mägde waren für sie nicht bezahlbar. Somit waren die Frauen und Kinder billige Arbeitskräfte, und die Kinder aus diesen Ehen wiederum waren frei und erbberechtigt. Dies war der Kirche durchaus ein Dorn im Auge, da die Gefahr bestand, dass der Vater unter Umständen Kirchengüter an den Sohn weitervererbte.

Somit wurden 1022 im Konzil von Pavia alle Kinder von Priestern zu Unfreien, also quasi zu Sklaven der Kirche, erklärt. Damit konnten sie nicht mehr erben. Die Frauen der Geistlichen wurden oftmals ausgepeitscht und ins Kloster verbannt. Dabei fiel der Besitz der Frauen der Kirche quasi als Wiedergutmachung dafür zu, was der Priester der Kirche entwendet hatte, um seine Familie zu versorgen. Als Ersatz für die Familie hielten „Haushälterinnen" in den Priesterwohnungen Einzug. Der Zölibat wurde fortan auch als Druckmittel benutzt. Bei Zuwiderhandlung drohten Exkommunikation. Dies hatte die völlige Unterordnung der Priester zum Ziel und zur Folge. Und das Thema Sex wurde weiter und weiter aus der Kirche verdrängt.

Der ganze Gedanke, dass Sexualität etwas Verwerfliches sei und dass wahre Geistliche damit nichts zu tun haben, stammt also nicht etwa aus der Bibel oder lässt sich aus Aussagen von Jesus oder den Aposteln herleiten, sondern ist, wie so vieles, das Ergebnis von jahrhundertelangen Entwicklungen, geistigen Strömungen und Interpretationen, deren Richtigkeit wir in vielen anderen Bereichen längst infrage stellen.

Die Kirche täte gut daran, ein Thema, das jeden Menschen zeit seines Lebens begleitet und umtreibt, nicht totzuschweigen.
Die Kirche muss meiner Meinung nach das ganze Leben abbilden – nicht nur manche Teile davon.

Ich denke, die Kirche täte gut daran, ein Thema wie Sexualität, das jeden Menschen zeit seines Lebens begleitet und umtreibt, nicht länger totzuschweigen. Ein Thema, das auch oft mit Not und Verwirrung einhergeht und deshalb auch in der Seelsorge von großer Bedeutung ist. Die Kirche muss meiner Meinung nach das ganze Leben abbilden – nicht nur manche Teile davon.

Neben der generellen Auseinandersetzung sollte auch die Frage nach dem Zölibat neu gestellt werden. Zumindest danach, ob es wirklich gut und sinnvoll ist, dass das Priesteramt immer mit einem zölibatären Leben einhergehen muss. Denn wer würde behaupten, dass verheiratete evangelische Pfarrer schlechtere Gemeindehirten sind? Im Gegenteil – ein Geistlicher, der selbst über Erfahrung mit Beziehungen, Liebe und Sex verfügt, kann seine Gemeindemitglieder sicher nicht schlechter beraten als ein zölibatär lebender.

Und das Problem, dass immer weniger Menschen bereit sind, Priester zu werden, könnte möglicherweise auch entschärft werden. Wenn nicht jeder junge Priester gezwungen ist, auf eine Beziehung und eine Familie zu verzichten, würden vielleicht auch wieder mehr Menschen sich zu diesem wichtigen Amt berufen lassen.

Das Problem, dass immer weniger Menschen bereit sind, Priester zu werden, könnte entschärft werden, wenn nicht jeder junge Priester gezwungen ist, auf eine Beziehung und eine Familie zu verzichten.

Selbst Paulus, der ein starker Verfechter der Ehelosigkeit war, schreibt übrigens in 1 Korinther 7,7: *„Ich wollte zwar lieber, alle Menschen wären wie ich* (nämlich ehelos)*, aber jeder hat seine eigene Gabe von Gott, der eine so, der andere so."*

Viele der Jünger Jesu waren verheiratet. So ist im Matthäusevangelium zum Beispiel von der „Schwiegermutter des Petrus" die Rede.[7] Und Petrus gilt nach katholischer Auffassung immerhin als erster Papst.

Um ein **WAHRHAFT CHRISTLICHES LEBEN** zu leben, brauchen wir etwas **ANDERES** als **MORAL.**

*„Theologie" ist der professionalisierte
und institutionalisierte Missbrauch der
Vernunft im Dienste des Glaubens.*

HANS ALBERT (*1921), DEUTSCHER PHILOSOPH UND SOZIOLOGE

Kapitel 5:
Gott steht über der Moral

ieles von dem, was wir als „gutes christliches Verhalten"
betrachten oder auch vermittelt bekommen, ist in Wirklichkeit eher auf unseren kulturellen Moralvorstellungen be-
gründet als auf den Glauben. Im Grunde nennt man das moralische Gerüst, das Regelwerk um einen bestimmten Glauben
herum, „Religion".

Doch wer von uns ist ein guter
Christ und wer ein schlechter? Und
wer soll das beurteilen?

Das Wort Moral geht auf das latei-
nische Wort „mores" zurück, welches
so viel wie „die Sitte" bedeutet. Das,
was wir so lapidar als Sitte bezeich-

*Doch wer von uns ist ein
guter Christ und wer
ein schlechter? Und wer
soll das beurteilen?*

nen, ist eine menschliche Verhaltensform oder Gepflogenheit.
Mit Moral beschreiben wir hauptsächlich Handlungsweisen, die

ein Mensch oder die Gesellschaft von den Mitmenschen erwartet. Die Moral soll dafür sorgen, dass Menschen bestimmten Vorgaben und Verhaltensregeln entsprechend ihr Leben in der Gemeinschaft gestalten und sich in diese integrieren.

Wie diese moralischen Grundsätze im Einzelnen aussehen, variiert von Kultur zu Kultur jedoch sehr stark. So stellt es beispielsweise im indischen Kulturkreis einen Verstoß gegen die guten Sitten der Gesellschaft dar, jemandem die linke Hand zum Gruß anzubieten, denn diese gilt in Indien als unrein. Rülpsen bei Tisch gilt dagegen als Zeichen guten Benehmens.

Oftmals wird Moral auch als das Gegenteil von bösen Handlungen betrachtet. Man spricht dann von „moralisch gut" im Gegensatz zu „moralisch verwerflich" und beschreibt damit, was als gutes oder gerechtes Handeln angesehen wird.

Häufig entspringen bestimmte Moralvorstellungen einem Gefühl von Angst, Hass oder Ekel oder auch einfach der Furcht vor dem Unbekannten. Moral ist somit keine unabhängige Instanz, sondern allenfalls der Gradmesser von Werten und Vorstellungen, die die Mehrzahl der Menschen eines Kulturkreises als richtig empfinden. Es bedarf dazu keiner Erklärung, keiner Begründung. Was sich für die Allgemeinheit nach diesen Paradigmen richtig anfühlt, gilt als moralisch, und das wiederum unterscheidet sich nicht nur von Land zu Land, sondern auch von Weltreligion zu Weltreligion teilweise erheblich.

Lassen Sie mich auf meine Art und Weise erklären, wie ich es sehe: Wer moralisiert, sieht sich im Recht und übersieht dabei gern, dass er anderen damit erheblich schadet. Die Vorgehensweise folgt einer simplen Methode: Man reduziert die Komplexität des

Lebens auf ein Minimum, bietet triviale Erklärungen und befreit sich von der Last des selbstständigen Denkens.

„Mit nichts lässt sich Inkompetenz besser kompensieren als mit Moral", schrieb der Philosoph und Wissenschaftsjournalist Alexander Grau im Politikmagazin „Cicero".[8] Bricht jemand die moralischen Regeln, muss er mit Ausschluss aus der Gesellschaft und Strafe rechnen. Doch keiner von uns ist nur gut oder nur schlecht. Wir alle haben gute und schlechte Tendenzen, so kommen wir zur Welt. Im Übrigen auch jeder Geistliche, denn letztendlich wird er ja als Menschlein geboren und dann erst zum Geistlichen berufen oder angelernt, wie immer man es sehen möchte.

Zu erkennen und zu begreifen, dass wir alle fehlbar sind und sowohl gute als auch schlechte Tendenzen in uns vereinen, und mit diesen dann so umzugehen, dass die Welt ein bisschen besser wird, ist eine der schwierigsten Aufgaben im Leben. Zumeist fällt es uns Menschen bedeutend leichter, zu verurteilen und uns über etwas zu ärgern als uns zu freuen und jemanden zu loben. Wenn wir es schaffen, unsere Tendenzen auszutarieren, ist das schon ein großer Erfolg. Nicht jeder schafft dies alleine, sondern benötigt unter Umständen die Hilfe und Führung durch Dritte, zum Beispiel die Kirche.

> Zu erkennen, dass wir alle fehlbar sind und sowohl gute als auch schlechte Tendenzen in uns vereinen, und mit diesen dann so umzugehen, dass die Welt ein bisschen besser wird, ist eine der schwierigsten Aufgaben im Leben.

Der Glaube an Gott kann uns in diesem Bestreben Halt und Führung bieten. Wenn jemand jedoch nicht fest im Glauben ist oder nur schwer oder gar nicht glauben kann, weil er entweder nicht geübt darin ist oder nicht gelernt hat, wie das praktisch geht, dann ist die Kirche, und die Seelsorge der Kirche, eine große Hilfe und Unterstützung. Denn wenn wir keine Erfahrung und Praxis im Glauben haben, dann benötigen wir jemanden, der uns coacht, uns lehrt, es uns erklärt, uns an der Hand nimmt und uns führt. Und nicht jemanden, der die moralische Keule schwingt und uns mit hundert Vorschriften kommt. Moralische Ideale sind wenig hilfreich auf diesem Weg – sie können allenfalls eine Richtung weisen, aber um ein wahrhaft christliches Leben zu leben, brauchen wir etwas anderes.

Denn wenn wir keine Erfahrung und Praxis im Glauben haben, dann benötigen wir jemanden, der uns coacht, uns lehrt, es uns erklärt, uns an der Hand nimmt und uns führt.

Glaube ist jedenfalls weitaus mehr als Moral. Eine Reduzierung der Religion auf Moral ist unannehmbar. Die Lehre des Christentums überträgt unter anderem jedem Einzelnen die Verantwortung für die Gemeinschaft und beruft uns dazu, Menschen in der Nachfolge Jesu mit den Augen der Nächstenliebe zu betrachten. Wenn es darin eine Art von Moral geben sollte, dann könnte diese nur dem Richtmaß Gottes entsprechen – und somit unsere Vorstellungskraft weit übersteigen.

Gott ist kein Moralist. Mich überrascht die Überheblichkeit einiger Christen, die tatsächlich der Meinung sind, zwischen dem Glauben an Gott und der Moral gebe es eine direkte Verbindung. Das eine käme ohne das andere nicht aus. Doch Moral ist auch ohne Religion denkbar, denn auch unreligiöse Menschen können durchaus moralisch handeln und umgekehrt. Natürlich gibt es aber keine Moral jenseits von Gott, denn wenn Gott in allem ist, dann auch in der Moral. Ich hörte einmal eine Dame sagen: „Da, wo Gott abwesend ist, sind die Menschen unmoralisch." Nun frage ich mich: Wie kann Gott abwesend sein? Gott ist niemals abwesend, Gott ist immer zugegen.

Das Geschenk des freien Willens, das Gott uns gemacht hat, ist grenzenlos. Gott greift nicht in unseren freien Willen ein. Er unterstützt weder die Moral noch verurteilt er sie; sie ist ein Teil des menschlichen Daseins. Und in den meisten Fällen kommt sie vor der Religion. Und was steht vor der Moral? Die elementarsten Bedürfnisse der Menschen. Wie sagt man so schön: „Erst kommt das Fressen, dann die Moral."

In der **BIBEL** finden wir zu beinahe **JEDER FRAGE** eine **ANTWORT.**

Der Himmel ist uns überall gleich nahe.
SPRICHWORT

Kapitel 6:
Der Himmel ist in uns

Das Leben ist Veränderung. Wie ein Fluss, der sich ständig bewegt, so erleben wir auch jede Minute, jede Sekunde neu. Doch wir sitzen oft dem Trugschluss auf, das Leben sei eine feste Konstante, und wollen an unseren Gewohnheiten, Besitztümern, Freundschaften und vielem mehr festhalten. Dadurch kreieren wir unser eigenes Leid, denn die Annahme, alles könne so bleiben, wie es ist, ist eine Täuschung.

Wir haben Hunderte von Erklärungen, wie das Leben sein und wie es funktionieren sollte, und wenn es dann nicht so ist, verfallen wir in Panik. Wir beginnen zu lamentieren und zu klagen und setzen unser Sorgenkarussell in Gang. Auch leben wir in einer inneren Rastlosigkeit, ständig muss etwas los sein, getrieben von einer fatalen Angst vor Monotonie und Langeweile.

Damit leben wir aber genau entgegengesetzt zu unserer göttlichen Natur. Im geistigen Leben geht es um Ehrlichkeit, Vertrauen, Bescheidenheit, Zuversicht und Dankbarkeit. Die Kraft liegt in der Ruhe, und in der Ruhe sind wir Gott nahe. Denn Gott ist Ruhe. Indem wir einfach nur sind, das Leben kommen und gehen lassen und im Fluss sind, sind wir eins mit der Schöpfung.

Fakt ist: Das Menschenleben ist, wie es ist, und es unterscheidet nicht zwischen König, Bettler oder Kardinal. Wir Menschen machen uns unsere Probleme selbst durch falsche, überzogene Erwartungshaltungen und Selbsttäuschungen, und diese selbst gezimmerte Welt bricht früher oder später komplett zusammen. Dann beginnt meist ein schmerzhafter Weg, geprägt von einem Gefühl der Hilflosigkeit und Verlassenheit, gepaart mit Machtlosigkeit.

Wenn wir Gott nah sind, wissen wir jedoch, dass wir niemals allein, niemals verlassen und schon gar nicht machtlos sind, denn Gott und Jesus sind immer bei uns.

Psalm 23
Der gute Hirte

Ein Psalm Davids. Der HERR ist mein Hirte,
mir wird nichts mangeln.
Er weidet mich auf einer grünen Aue und führet mich
zum frischen Wasser.
Er erquicket meine Seele. Er führet mich auf rechter Straße
um seines Namens willen.
Und ob ich schon wanderte im finstern Tal,
fürchte ich kein Unglück; denn du bist bei mir,
dein Stecken und Stab trösten mich.
Du bereitest vor mir einen Tisch im Angesicht meiner Feinde.
Du salbest mein Haupt mit Öl und schenkest mir voll ein.
Gutes und Barmherzigkeit werden mir folgen mein Leben lang,
und ich werde bleiben im Hause des HERRN immerdar.

Dies ist übrigens mein Lieblingspsalm, der mir schon sehr oft durch so manches tiefe Tal geholfen hat.

Ich denke oft, unsere größte Sorge ist nicht, dass wir machtlos sind, sondern dass wir zu mächtig sind. Das ist ein Grund, warum es uns schwerfällt zu akzeptieren, dass wir Kinder Gottes sind. Wir fürchten uns vor der Macht und der Verantwortung.

Gerade in unserer heutigen Zeit sind viele Menschen verunsichert, plagen sich mit Ängsten, haben ein schwaches Selbstbewusstsein, stehen auf schwachen Füßen, straucheln und stolpern durchs Leben. Im Grunde genommen leben sie nicht, sondern werden vom Leben und ihren selbst geschaffenen Umständen hin und her gebeutelt. Wenn ein Mensch keinen Halt hat, am Leben gescheitert ist, im tiefsten Tal angekommen ist, ist es schwer für ihn, wieder ins Licht zu finden.

Ein Beispiel für solch eine innere Verwirrung: Fatalerweise denken wir, wir hätten von Geburt an ein Recht darauf, alles im Leben leicht zu haben und einen Körper zu bekommen, der es uns leicht macht.

Wir haben weder ein Recht auf körperliche Unversehrtheit, noch wurde sie uns jemals versprochen. Wir leben in einer Dualität, und so haben wir immer beides: das Angenehme und das Unangenehme. Es liegt an uns allein, wie wir damit umgehen: ob wir die Schmerzen annehmen, ob wir achtsam damit umgehen und beobachten – oder unachtsam lamentierend uns den ganzen Tag nur mit dem Schmerz beschäftigen, uns selbst bemitleiden, uns beklagen und so alles nur noch schlimmer machen. Ich denke, deshalb sehnen wir uns so sehr nach dem Himmel. Denn da, so denken wir, gibt es keine Sorgen, kein Leiden, keine Schmerzen und keine Gebrechen.

Man sagt, des Menschen Wille ist sein Himmelreich, sein irdisches Paradies, und er versucht es auf seine eigene Weise zu erlangen. Klappt es auf dem einen Weg nicht, versucht er es auf einem anderen.

Wir Menschen sind von Natur aus bequem und faul. Wenn uns jemand verspricht, dass wir auch auf dem leichten Weg

Wir Menschen sind von Natur aus bequem und faul. Wenn uns jemand verspricht, dass wir auch auf dem leichten Weg zum Ziel kommen, dann ist er unser Mann.

zum Ziel kommen, dann ist er unser Mann. Dann paktiert so mancher, um schneller ans Ziel zu kommen, mit dem Teufel. Doch im Leben herrscht das unvermeidliche Gesetz von Ursache und Wirkung. Wie der Stein, der nach oben geworfen wird, wieder auf den Erdboden zurückfällt, so fällt auch jede Tat, ob gut oder schlecht, auf denjenigen zurück, der sie begangen hat.

Wir sind andauernd damit beschäftigt, was wir werden möchten, und die Zukunft nimmt einen großen Raum ein. Wir bedauern, was wir nicht erreicht oder nicht gemacht oder geschafft haben. Wir trauern um Verlorenes in der Vergangenheit. Vor lauter Nach-vorne-und-zurück-Schauen verpassen wir ganz den Moment und unser Leben im Jetzt. Und so bemerken wir auch nicht, dass der Himmel in uns ist, in unserem Herzen, unserer Seele, nicht etwa fern von uns. Wir müssen uns nicht erst beweisen und uns als würdig erweisen. Auch müssen wir nicht erst bestimmte moralische Grundsätze befolgen.

Ein im Glauben verankertes Leben hat nichts zu tun mit Moral, sondern mit Rechtschaffenheit, Ehrlichkeit, Liebe und Verständnis.

Ein Christ ist per definitionem ein Nachfolger und Nachahmer von Jesus Christus. Und Jesus selbst hatte sehr viel über Nächstenliebe und gute Lebensführung zu sagen – aber auffällig wenig über Moral. Im Gegenteil hat er gerade die damaligen Hüter von Gesetz und Moral, die Pharisäer, bei vielen Gelegenheiten scharf angegriffen und in ihre Schranken verwiesen. (Zum Beispiel in Matthäus 23,13-14: „*Weh euch, Schriftgelehrte und Pharisäer, ihr Heuchler, die ihr das Himmelreich zuschließt vor den Menschen! Ihr geht nicht hinein, und die hineinwollen, lasst ihr nicht hineingehen.*")

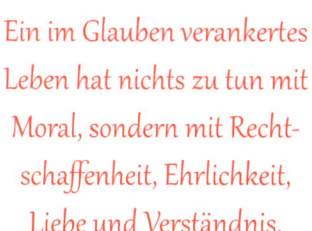

Ein im Glauben verankertes Leben hat nichts zu tun mit Moral, sondern mit Rechtschaffenheit, Ehrlichkeit, Liebe und Verständnis.

Um ein guter Christ zu sein, muss man weder zwingend in die Kirche gehen noch Jesus-Sandalen tragen, im Büßergewand und Sack und Asche gekleidet sein oder in Armut leben. Vielmehr sehe ich den Glauben als eine Geisteshaltung an. Als ein geführtes Leben, das den Grundsätzen der Liebe zueinander entspricht, in dem man keinen anderen Lebewesen, der Umwelt oder sich selbst dabei Schaden zufügt, sondern in Liebe und Herzlichkeit agiert.

Nur so, mit dieser Innenschau, hat man die Möglichkeit, Dinge zu erkennen und fallen zu lassen, die nicht dienlich sind oder keinen guten Zweck verfolgen.

Entscheide ich mich dazu, mit meinen Handlungen Wachstum im Glück zu generieren, dann stellt sich die Frage, wie der beste Weg dahin aussieht und wie ich die besten Möglichkeiten ausschöpfe, um diesen zu erreichen. Und da wiederum hilft uns die Bibel. In der Bibel finden wir zu beinahe jeder Frage eine Antwort, und hier ist der Pfarrer oder andere

Um ein guter Christ zu sein, muss man weder zwingend in die Kirche gehen noch Jesus-Sandalen tragen, im Büßergewand und Sack und Asche gekleidet sein oder in Armut leben.

Geistliche der beste Ansprechpartner. Er kann uns mit der Weisheit der Bibel beraten, schließlich sollte er am besten wissen, wie und wo wir suchen müssen, um zu finden, was wir brauchen.

Die Grenze zwischen Beratung und Beeinflussung, zwischen Lehren und Bevormunden, zwischen Regeln und Vorschriften ist natürlich dünn und auch nicht immer klar einzuhalten. Dennoch tun beide, Seelsorger und Ratsuchender, gut daran, sich immer wieder die Frage zu stellen, auf welcher der beiden Seiten sie im Gespräch stehen.

Die Menschen haben **NICHTS DAGEGEN,** dass die **KIRCHE REICH** ist. Was sie **NICHT WOLLEN,** ist **BELOGEN** zu werden.

Der bevorstehende Untergang verdirbt
den ganzen Spaß an der Dekadenz.

KALENDERSPRUCH

Kapitel 7:
Kirche und Dekadenz

s ist so ungefähr 16 Jahre her, ich lebte damals in Berlin, da kam eines Tages eine Journalistin auf mich zu. Sie führte große Doppelinterviews in der Zeitung und suchte sich dafür immer zwei möglichst konträre Gesprächspartner aus, von denen wenigstens einer prominent und der großen Masse bekannt sein sollte.

Mein Gegenüber für dieses Interview sollte ein katholischer Priester sein, der seit Längerem in Berlin als Gefängnispater tätig war. Die Idee, gemeinsam mit ihm ein Interview zu machen, faszinierte mich, und ich sagte zu. An besagtem Tag trafen wir uns auf neutralem Boden in einem Restaurant. Ich war neugierig, wie der Pater aussehen würde, wobei ich weniger auf die äußere Wirkung als vielmehr auf das Gesamtkonzept Mensch/Pater gespannt war.

Er hatte ja mir gegenüber einen Vorteil, er hatte sich im Vorfeld von mir ein Bild machen können oder hatte vielleicht bereits ein vorgefertigtes gehabt.

Ob dieser durch die Medien reproduzierte, grob gezeichnete Abriss meiner selbst letztendlich realitätsnah oder eher realitätsfremd war, blieb natürlich auch für ihn offen und abzuwarten. Ich fragte mich: „Wird er wohl neugierig und offen genug sein, um das Bild, das er sich von mir gemacht hat, hintanzustellen und mich völlig vorurteilsfrei wahrzunehmen?"

Der Pater, der mir dann gegenübersaß, war ein älterer, etwas korpulenter Herr in einer langen schwarzen Kutte und mit einem üppigen Kreuz auf der Brust, das an einer stabilen Kette baumelte. Durch die Erlebnisse meiner Kindheit war ich darauf konditioniert, Menschen intensiv wahrzunehmen. Ich taxierte meine Mitmenschen nicht nur, sondern scannte diese regelrecht und achtete sehr genau auf ihre Ausstrahlung und Reaktionen mir gegenüber. Ich hatte gelernt, Zwischentöne wahrzunehmen, und analysierte anhand von Gestik und Mimik sehr schnell, ob man mir wohlwollend oder ablehnend oder sogar abweisend gegenübertrat.

Diese Fähigkeit war in meiner Kindheit unter Umständen lebensnotwendig gewesen, und ich habe diese gesteigerte Wahrnehmung noch heute. Man legt über lange Zeit gepflegte Gewohnheiten nicht so einfach ab.

Der Pater jedenfalls begegnete mir mit viel Distanz, ich spürte auch eine gewisse Ablehnung mir gegenüber in seiner ganzen Haltung. Irgendetwas an mir schien ihm sehr zu missfallen. Im Laufe des Gesprächs kam ich auch darauf, was es war. Auf den ersten Blick waren wir so unterschiedlich, wie zwei Menschen es nur sein konnten. Vor mir saß ein Pater, der dem Luxus unserer Gesellschaft entsagte und sich einem Leben in Zurückhaltung und Genügsamkeit in jeder Hinsicht verschrieben hatte. Und ihm gegenüber ich – das Geschöpf, das quasi den puren Luxus repräsentierte und in einem Maße auslebte wie kaum eine andere öffentliche Person. Das waren zumindest einmal die markantesten, gravierendsten Unterschiede.

Der Ansatz der Journalistin war, die Frage zu stellen: *Was haben diese beiden Männer letztendlich gemeinsam, wo sind die Schnittmengen? Gibt es überhaupt welche und wo prallen unter Umständen zwei Extreme aufeinander?* Eine spannende Situation.

Wir Laien haben ja die eigenartige Idee, wenn jemand eine Uniform oder einen Habit trägt, sei er automatisch ein besserer Mensch, als wäre es eine Art Zaubermantel, der die Person nicht nur kleidet, sondern auch ein Stück weit zu einem anderen Wesen macht. Auch denken wir, dass Geistliche, gleichgültig ob nun Pater, Mönch oder Nonne, immer verständnisvolle, disziplinierte und dadurch auch bessere Menschen seien, die jedem liebevoll und mit ausgestreckten Händen und weit geöffneten Armen entgegenkommen. Vergessen Sie das ganz schnell. Das ist ein Irrtum.

Geistliche sind Menschen wie du und ich, mit denselben Unzulänglichkeiten, Marotten und Vorurteilen, und viele nutzen ihren Talar oder die Kutte, um sich dahinter vor sich selbst und den anderen zu verstecken. Ihre Uniform macht sie zu einem gewissen Teil unantastbar, zumindest schafft sie Respekt und Distanz. Das ist ja auch der Sinn einer Uniform, aber es kann leicht zu Verwirrungen und Verirrungen führen. Bei uns Laien, weil wir wie gesagt irgendwie instinktiv und unsinnigerweise, nicht zuletzt geprägt durch eine jahrhundertelange

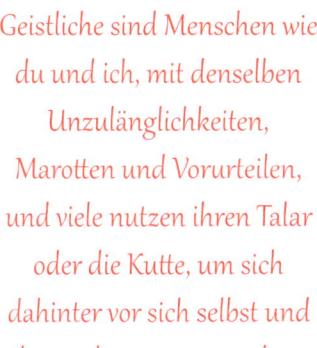

Geistliche sind Menschen wie du und ich, mit denselben Unzulänglichkeiten, Marotten und Vorurteilen, und viele nutzen ihren Talar oder die Kutte, um sich dahinter vor sich selbst und den anderen zu verstecken.

Erziehung, denken, eine Uniform mache einen anderen zum besseren Menschen. Und bei den Geistlichen selbst, weil sie dadurch das Gefühl bekommen, in gewisser Weise unantastbar und unangreifbar zu sein.

Meine erste Enttäuschung in dieser Angelegenheit erlebte ich im Alter von zehn Jahren. Vier Kilometer von meinem Wohnort entfernt befand sich und befindet sich noch immer das Zisterzienserkloster Maulbronn. Ein wunderschöner Ort, der inzwischen zum UNESCO-Weltkulturerbe erklärt wurde. Im Vorstellungstext auf der Homepage des Klosters heißt es:

Im 11. Jahrhundert hatte sich die Benediktinerabtei von Cluny durch wachsenden Wohlstand und Prachtentfaltung zunehmend von den Idealen eines einfachen Lebens im Sinne der Ordensregel des heiligen Benedikt „Ora et labora", „Bete und arbeite", entfernt. Mit dem Ziel, dieses ursprüngliche klösterliche Ideal wieder in den Mittelpunkt zu rücken, gründete Robert von Molesme das Reformkloster Cîteaux bei Dijon. Von Cîteaux leitet sich der Ordensname „Zisterzienser" ab.

Bereits 1138 hatten Zisterzienser aus dem Elsass auf dem Besitz von Ritter Walter von Lomersheim eine Ordensniederlassung in Eckenweiher, nahe dem heutigen Mühlacker, gegründet. Geografisch war die Lage dort jedoch ungünstig für den Bau eines Klosters. Deshalb siedelten die Mönche ins obere Salzachtal um und gründeten dort in abgeschiedener Lage die Abtei „Mulenbrunnen". Der Name verweist auf die Existenz einer Quelle, also eines Brunnens, und auf eine Mühle, abgeleitet vom mittelhochdeutschen Wort „mulin".[9]

Ich besuchte das Kloster sehr gern und machte auch eine Führung mit. Dabei wurde viel über das Klosterleben und die Motivation dahinter erzählt. Der Gedanke, dass hier jahrhundertelang Menschen ihr Leben Gott geweiht und vereint im Glauben in einer Gemeinschaft gelebt hatten, faszinierte mich außerordentlich.

Zu meiner Verwunderung lernte ich bei der Gelegenheit aber auch, dass im Kloster eine Zweiklassengesellschaft bestanden hatte. Das zisterziensische Ideal sah im Gegensatz zu manch anderen Orden vor, nicht von den Abgaben abhängiger Bauern, sondern nur von der eigenen Arbeit leben zu wollen. Dazu entwickelte man ein Konstrukt mit zwei deutlich voneinander getrennten Gemeinschaften von Mönchen. Die eine bestand aus sogenannten Laienbrüdern und die andere aus den Chormönchen und Priestern.

Die Aufgabe der Chormönche war der Gottesdienst, ganz besonders im Vordergrund stand das Stundengebet, die Antwort der Kirche auf das Apostelwort „Betet ohne Unterlass!"[10] Die Chormönche, die zu Priestern geweiht wurden, spendeten außerdem die Sakramente und Sakramentalien, vor allem Weihen und Segnungen, Exorzismen, Prozessionen, gottesdienstliche Feiern und Rituale. Zudem widmeten sie sich schriftstellerischen Tätigkeiten oder dem Kopieren von Büchern. Sie stammten meist aus dem Adel. Zwar dachte man in der Anfangszeit des Ordens daran, dass auch die Chormönche Handarbeit und Feldarbeit zu verrichteten hätten, aufgrund ihrer hauptsächlichen Aufgaben fehlte ihnen jedoch die Zeit dazu.

Aus diesem Grund waren dann vorwiegend die Laienbrüder für derartige Arbeiten zuständig, die andererseits dafür weitaus weniger Gebetsverpflichtungen hatten. Sie lebten zudem abgesondert in einem eigenen Flügel des Klosters und hatten auch in der Kirche ihre separaten Sitze, komplett abgesondert von den Chormönchen.

Meine Begeisterung über das klösterliche Leben hatte damit bereits einen Dämpfer erlitten und sollte gleich noch den nächsten erfahren: Unter den Besuchern des Klosters waren auch zwei Ordensschwestern im Habit, die ich vorsichtig und ehrfurchtsvoll betrachtete. Zwei echte Nonnen! Gespannt lauschte ich ihrem Gespräch, das sich bestimmt um hochgeistliche Themen drehen würde.

Die eine meinte zur anderen: „Sollen wir eine Führung mitmachen?"

Worauf die andere erwiderte „Ach, bloß nicht! Lass uns lieber ein Eis essen gehen. Ich hasse diese alten Kästen und habe wirklich schon genug davon gesehen!"

Und nun saß ich also wieder einem Geistlichen gegenüber. Wie würde er wohl sein?

Ich erfuhr von einem Leben in Genügsamkeit und Verzicht seitens des Paters und von seinem Engagement als Gefängnispriester. Er erschien mir authentisch und durch seine Arbeit im Gefängnis auch sehr geerdet zu sein, im Gegensatz zu vielen seiner Amtskollegen, die in ihren frommen Elfenbeintürmen oft nicht mehr viel vom wahren Leben mitzubekommen schienen.

Im Gespräch machte er mir dann aber schließlich den Vorwurf, mein Lebensstil und die Prunkentfaltung meiner Firma durch das Präsentieren meiner Mode sei unangemessen und übertrieben.

Aha, dachte ich, *das ist also des Pudels Kern, warum er von Anfang an so in Abwehrhaltung war.*

Der Pater hatte also mir gegenüber tatsächlich eine vorgefertigte Meinung gehabt, die er nun bei unserem Zusammentreffen bestätigt sah. Dieser exzentrische junge Mann ihm gegenüber verkörperte in seinem Lebensstil das komplette Gegenteil seiner selbst. Vermutlich war er ein Anhänger all jener, die alles Exzentrische seit Menschengedenken vom Antlitz der Erde verbannt sehen wollten. Ebenso selbstverständlich jeglichen Prunk, Prachtentfaltung und Reichtum außerhalb der Kirche. In der Kirche ist das etwas anderes, wie wir nachfolgend feststellen werden. Sie hat die Lizenz zu Pracht und Prunk und praktiziert sie ausgiebig und intensiv seit Jahrtausenden.

Bevor wir jedoch in den Tiefen und Untiefen des Themas Kirche und Reichtum baden gehen, möchte ich Ihnen weiter von meinem Gespräch mit dem Pater berichten.

Auf den Vorwurf, in einer Zeit, in der viele Menschen in Armut lebten, zu viel Reichtum zu repräsentieren, erwiderte ich: „Ich muss schon sagen, Ihre Aussage verwundert mich doch sehr. War es nicht schon immer so, dass es Menschen gab, die arm waren und nichts zu essen hatten, nur wenig zum Leben und Geben? Hat das die katholische Kirche je davon abgehalten, auch von dem Wenigen, das diese Menschen besaßen, noch zu nehmen? Schauen Sie, ich fordere kein Geld ein von armen Menschen, um meinen Luxus zu finanzieren. Alles, was ich besitze, habe ich mir selbst erarbeitet und darüber hinaus dadurch auch noch anderen Menschen geholfen, indem ich ihnen Arbeit gebe und sie durch mich Geld verdienen lasse. Ich spende auch recht großzügig für gute Zwecke – das kann ich im Übrigen auch nur tun, weil ich die Mittel dazu habe. Bitte erklären Sie mir, was daran so verwerflich und falsch sein soll."

Ich erklärte ihm weiter, dass meiner Meinung nach der Mensch dazu bestimmt ist, wie alles in der Natur nach oben zu streben, gen Himmel, anstatt den Kopf zu Boden zu senken und nur ein Spielball der Umstände, der Sklave seiner Umgebung zu sein. Ich glaube nicht, dass es Gott stört, wenn wir in Luxus leben.

„Aber Sie stört es, wie ich feststelle, und große Teile der katholischen Kirche ebenso. Aber sollten Sie da nicht zuerst einmal vor der eigenen Türe kehren? Denn wie sieht es denn bei Ihnen aus mit Luxus und Reichtum? Der Lebensstil der Päpste, Bischöfe, Fürstbischöfe und Kardinäle über die Jahrhunderte war doch an Dekadenz, Prunkentfaltung und Reichtum kaum zu übertreffen. Erstaunlicherweise störten da die vielen Armen das Bild nicht, ganz im Gegenteil, man machte ihnen noch Angst mit der Hölle und presste das letzte bisschen Geld aus ihnen heraus, zur Vergebung ihrer Sünden, damit sie sich einen Platz im Himmel sicherten, den man ihnen über den Ablass großzügig gewährte. Mit dem so von Papst Leo X. eingetriebenen Geld wurde unter anderem der an Prunk kaum zu übertreffende Petersdom in Rom zumeist auf den Schultern der Armen finanziert."

Wenn die katholische Kirche sich von sämtlichen Liegenschaften, Immobilien, Geldanlagen, Kunstgegenständen und sonstigen Schätzen trennt, um den Ärmsten der Welt zu helfen, folge ich dem Beispiel.

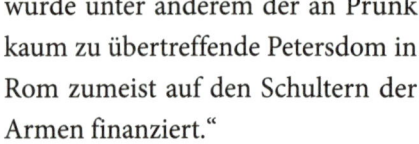

Der Pater setzte zu einer Erwiderung an, aber ich war noch nicht fertig.

„Ich verstehe aber durchaus, was Sie meinen. Darf ich Ihnen einen Vorschlag machen? Wenn die katholische Kirche sich von sämtlichen Liegenschaften, Immobilien, Geldanlagen, Kunstgegenständen und sonstigen Schätzen trennt und diese veräußert, um den Ärmsten der Welt zu helfen – und glauben Sie mir, damit könnte man eine groß angelegte Hilfsaktion starten! –, folge ich dem Beispiel."

Der Pater sagte, das sei nicht möglich, und außerdem würden die prächtigen Ausstattungen und Kunstgegenstände in den Kirchen und im Vatikan viele Menschen erfreuen, sie würden aus der Schönheit des Anblicks Kraft und Freude schöpfen.

Darauf erwiderte ich: „Sehen Sie, genauso ist es mit meiner Mode auch! Ich mache den Menschen Freude, entführe sie mit meinen Inszenierungen und prächtigen Kleidungsstücken für einen Moment aus dem Trott des oft schrecklichen Alltags in eine bessere Welt. Ich wollte Ihnen mit meinem Vorschlag, die Kirche solle alles verkaufen, nur verdeutlichen, wie haltlos Ihre Forderung an mich war."

Er schaute mich nachdenklich an und stimmte mir schließlich zu. In diesem Moment spürte ich, dass der Pater sich mir gegenüber öffnete, und wir gingen als Brüder im Geiste auseinander.

Der Pater hatte in einem recht: Es ist nicht das Problem, dass die Kirche reich ist und diesen Reichtum auch zur Schau stellt. Wie er schon sehr richtig sagte, ist der Anblick eines prächtigen Doms oder herrlicher Kunstgegenstände etwas, was den Menschen erhebt und seiner Seele guttut. Die Menschen haben nichts dagegen, dass die Kirche reich ist, und sie haben auch nichts dagegen, dies mit ihrem Geld zu unterstützen. Was sie nicht wollen, ist belogen zu werden.

Sie stoßen sich daran, wenn die Kirche nicht transparent macht, was sie mit dem Geld ihrer Mitglieder anfängt, und mit zweierlei Maß misst.

Die Kirche nimmt für sich selbst stets die Absolution in Anspruch und verurteilt das, was sie sich zugesteht, bei anderen. Sie ist dekadent, weil sie sich über die Menschen stellt, sich näher bei Gott sieht als den Rest der Welt. Das ist in meinen Augen schon beinahe Gotteslästerung.

Es wird Zeit, dass die Kirche von ihrer selbst kreierten Wolke herabsteigt, von der sie seit Jahrtausenden auf die Gläubigen hinabblickt. Dass sie herabsteigt und sich entschuldigt für alle Verfehlungen und üblen Dinge, die in ihrem Namen geschehen sind. Dass sie aufhört, Urteile zu fällen und Vorwürfe auszuteilen. Dass sie sich endlich auf den Weg zu den Menschen macht, statt zu erwarten, dass diese zu ihr kommen. Eine Kirche für die Menschen und mit den Menschen, nicht gegen die Menschen und deren Bedürfnisse.

Die **KIRCHE** könnte **OHNE** die **TATKRÄFTIGE UNTERSTÜTZUNG VON FRAUEN** schlicht **NICHT EXISTIEREN.**

Priester, die Frauen beherbergen, die Verdacht
erregen, sollen bestraft werden. Die Frauen aber
soll der Bischof in die Sklaverei verkaufen.

Kapitel 8:
Ist Gott eine Frau?

Die Verweigerung der vollen Gleichberechtigung der
Frau in der katholischen Kirche ist verankert in einem
von der Amtskirche vertretenen, männlich definierten Gottes-
und Frauenbild, das zwar sehr wohl von der Würde der Frau
spricht, aber dabei im Grunde von einer Unterordnung der Frau
unter den Mann ausgeht und ihr aufgrund ihres Geschlechts
eine andere Bestimmung verordnet. Man behauptet, dies sei bereits bei der Schöpfung festgelegt worden und gottgewollt. Unterstützt wird diese Sichtweise durch die berühmt-berüchtigte
Stelle in Epheser 5,22 f: *„Ihr Frauen, ordnet euch euren Männern
unter wie dem Herrn. Denn der Mann ist das Haupt der Frau, wie
auch Christus das Haupt der Gemeinde ist.“*

Der wahre Grund für diese störrische Haltung ist meiner
Meinung nach allerdings in der Hierarchie der römisch-katholischen Kirche zu finden, die für sich allein die absolute Wahrheit

beansprucht. Daraus resultiert, dass Laiinnen und Laien grundsätzlich kein Recht auf Mitwirkung und Mitbestimmung besitzen, sondern allenfalls beratende Funktion. Des Weiteren sind nicht geweihte Katholikinnen und Katholiken weitgehend von Entscheidungsprozessen ausgeschlossen.

Das Christentum besteht aus einer Vielzahl von Strömungen. Angefangen von der erzkonservativen und oftmals unbelehrbaren römisch-katholischen Kirche über die verschiedenen Ausprägungen der evangelischen Kirche und der Freikirchen bis hin zur liberalen Altkatholischen Kirche, die nicht nur Frauen als absolut gleichberechtigt auch für die höchsten Ämter ansieht, sondern auch Schwule und Lesben als „normale" Menschen betrachtet.

Die Vorstellung, dass die Frau als dem Mann untergeordnet angesehen wird, ist leider auch heute immer noch quer durch fast alle Religionen und Bildungsschichten präsent.

Die Vorstellung, dass die Frau als dem Mann untergeordnet angesehen wird, ist leider auch heute immer noch quer durch fast alle Religionen und Bildungsschichten präsent.

Die anhaltende Diskriminierung von Frauen in der Kirche fand ihren Ursprung jedoch nicht etwa bei Jesus und seinen Anhängern, sondern in den historischen, sozialen und kulturellen Kontexten der griechisch-römischen Welt, in der sich das Christentum entwickelte und an die es sich in vielem anpasste. Der Ausschluss der Frauen von der Priesterweihe hat verschiedene Ursachen, die die Lehre der katholischen Kirche und vermutlich auch der orthodoxen Kirche betreffen. Sicher ist das zum einen das negativ geprägte Bild von Sexualität grundsätzlich und dann das irritierende Bild des weiblichen Körpers im Speziellen. Dem gegenüber steht das männliche Bild von Gott, das uns die hierarchisch-patriarchalische Darstellung des Allmächtigen aufdrängt.

Doch wer sagt eigentlich, dass Gott ein Mann ist? Hat ihn schon jemand gesehen? Ich jedenfalls nicht. Und vielleicht ist er ja eine Frau. Eine Göttin. Wird doch der Geist Gottes, die Heilige Ruach, im Urtext in weiblicher Form beschrieben. Oder beides in einem. Mir kommt es jedenfalls wahrscheinlicher vor, dass Gott alle Formen des Menschseins in sich vereint und nicht einfach mit einem Mann vergleichbar ist.

Frauen in der Kirche sind jedenfalls ein brisantes, interessantes Thema, vor allem der Umgang der Kirche mit Frauen. Dass ausgerechnet eine Institution wie die Kirche, deren Angestellte geistig gebildete, kluge Männer sind, in unseren Tagen derart rückschrittlich sein kann, will mir nicht in den Kopf.

Was ist der wahre Grund, warum man Frauen in der Kirche, vor allem der katholischen Kirche, noch immer nicht gleichberechtigt behandelt? Die evangelische Kirche hat sich ja in der Beziehung schon etwas geöffnet, wenn auch noch lange nicht weit genug.

Wie kann es angehen, dass man in der katholischen Kirche so ängstlich darauf bedacht ist, dass Frauen nicht in führende Positionen kommen? Liegt es vielleicht daran, dass man Angst hat, die Frauen könnten zu gut sein, vielleicht am Ende sogar besser als die Männer? Dass man so versucht, seine Stellung und Pfründe festzuhalten und die langjährig aufgebaute Hierarchie

> *Doch wer sagt eigentlich, dass Gott ein Mann ist? Mir kommt es jedenfalls wahrscheinlicher vor, dass Gott alle Formen des Menschseins in sich vereint und nicht einfach mit einem Mann vergleichbar ist.*

nicht ins Wanken zu bringen? Steht dahinter die Sorge, Traditionen und Werte zu verlieren? Die strengen Regeln, nach denen die Kirche funktioniert? Hätten wir nun plötzlich Frauen in übergeordneten Positionen, als Kardinäle und Bischöfe, müsste alles neu überdacht werden.

Wäre eine Päpstin denkbar als Stellvertreterin Gottes auf Erden?

Fakt ist, die erste Christin war eine Frau namens Lydia, und wie man in der Heiligen Schrift nachlesen kann[11], ließ sie sich vom Apostel Paulus taufen. Nach Maria, der Mutter Jesu, war sie eine der bedeutendsten Frauen im Neuen Testament. Lydia war eine kluge, erfolgreiche Geschäftsfrau aus Philippi, sie war Purpurhändlerin. Das war damals ein sehr einträgliches Geschäft. Purpur war sehr kostbar, er wurde aus dem Drüsensekret der Purpurschnecke gewonnen und wurde zum Färben von Textilien benutzt.

Wie kann es angehen, dass man in der katholischen Kirche so ängstlich darauf bedacht ist, dass Frauen nicht in führende Positionen kommen? Befürchtet man, die Frauen könnten zu gut sein, vielleicht am Ende sogar besser als die Männer?

Lydia öffnete ihr Haus für die Christen, damit diese zusammenkommen und ihren Glauben nachgehen konnten. Quasi ermöglichte sie also die ersten Gottesdienste.

Auch Maria, die Mutter Gottes, und Maria Magdalena sind Säulen des christlichen Glaubens. Die Evangelisten beschreiben Maria Magdalena als Begleiterin Jesu und als Zeugin der

Wiederauferstehung. Da sie die Erste gewesen sein soll, die den Auferstandenen gesehen hat, wird sie schon seit Jahrhunderten verehrt. Vergessen wir nicht Eva, deren Name übersetzt „die Leben Gebende" beziehungsweise „die Leben Bewahrende" bedeutet.

Und dann war da noch Miriam, die Schwester Moses, die ihn als Baby rettete, indem sie ihn in einem Kästchen auf dem Nil aussetzte:

> *Als sie ihn aber nicht länger verbergen konnte, machte sie ein Kästlein von Rohr und verklebte es mit Edelharz und Pech und legte das Kind hinein und setzte das Kästlein in das Schilf am Ufer des Nils. Aber seine Schwester stand von ferne, um zu erfahren, wie es ihm ergehen würde. (2. Mose 2,3-4)*

Mirjam war ganz offensichtlich eine großartige, verantwortungsbewusste Schwester und Hüterin der Familie. Sie beeinflusste aktiv das Geschehen und hatte damit eine tragende Rolle im Lauf der Geschichte, und später wurde sie eine geachtete Prophetin.

Die Liste ließe sich unendlich fortführen. Aber auch in der Neuzeit haben sich unzählige Frauen um den Glauben und die Kirche verdient gemacht.

Ich möchte hier beispielhaft nur an die kleine albanische Nonne Mutter Teresa erinnern, die die Welt verändert hat. Auch erinnere ich mich, dass die Kirche zu Mutter Teresas Lebzeiten nicht immer mit ihren Handlungen einverstanden war. Ich glaube, das lag daran, dass sie ein zu starker Charakter mit eigenen Vorstellungen war und damit für die Kirche nicht wirklich händelbar. Heute, nach ihrem Tod, wird sie aber verehrt und wurde 2003 selig- und 2016 sogar heiliggesprochen. Die Frage, die sich mir in diesem Zusammenhang stellt: Ist das wirklich eine Ehrung und Anerkennung der Kirche für Mutter Teresa, oder benutzt die Kirche sie und ihre Popularität für ihre Zwecke? Ich denke, es ist beides, es ist ein Geben und Nehmen. Aber auch im ganz normalen Alltag könnte die Kirche ohne die tatkräftige Unterstützung der Millionen und Milliarden von Frauen schlicht nicht existieren.

Bereits in meiner frühesten Kindheit beobachtete ich, dass die Kirche fast ausschließlich durch die Frauen in Gang gehalten wurde. Sicher war da der Pfarrer, der sich ebenfalls stark engagierte, aber er war dann auch schon weit und breit der einzige Mann, der zu sehen war.

Aber auch im ganz normalen Alltag könnte die Kirche ohne die tatkräftige Unterstützung der Millionen und Milliarden von Frauen schlicht nicht existieren.

Es gab die Mesnerin, die die Kirche in Ordnung hielt und mit wunderbaren Blumen schmückte, die sie selbst in ihrem Garten zog, natürlich alles unentgeltlich. Da war der Kirchenchor, der fast ausschließlich aus und durch Frauen bestand. Wer leitete den Kirchenchor? Eine Frau. Stand ein Fest an, wessen Aufgabe war es dann, dieses zu organisieren? Natürlich die der Frauen. Wer brachte die Kuchen für das Fest? Die Frauen. Und so könnte ich die Liste unendlich weiterführen.

Für alle diese Arbeiten und Aufgaben sind die Frauen der Kirche gut genug. Als Zuträgerinnen, als Arbeitsbienen. Ich möchte hier auf keinen Fall den Eindruck erwecken, dass ich diese Arbeiten niedriger schätzen würde als die der Gottesdienstgestaltung. Aber es ist doch frappierend, dass man gerade eine solche Tätigkeit zumindest in der katholischen Kirche für Frauen nicht vorsieht und sie ihnen rundweg verwehrt.

Ich frage mich: Wäre ich eine erfolgreiche Business-Frau, wie würde ich mit dieser Tatsache umgehen? Würde ich mich in der Kirche engagieren oder mir eher meinen Teil denken und austreten? Da ich ja bereits ausgetreten bin, brauche ich das Thema nicht weiter zu vertiefen.

Wie würde sich Kirche verändern, wenn Frauen in Schlüsselpositionen Platz und Gehör fänden? Wie würde eine Päpstin mit den Themen Abtreibung, Homosexualität und der Rolle der Frau in der Gesellschaft umgehen?

Deshalb ist vielleicht die interessantere Frage: Wie würde sich Kirche verändern, wenn Frauen endlich in Schlüsselpositionen Platz und Gehör fänden? Würde sich überhaupt etwas verändern? Wie würde eine Päpstin mit den Themen Abtreibung, Homosexualität und der Rolle der Frau in der Gesellschaft umgehen?

Dass Frauen in einem geistlichen Amt allerdings nicht zwingend über mehr Empathie, Toleranz und Verständnis verfügen als Männer, habe ich am eigenen Leibe erfahren.

Wir sind vor einigen Jahren von Berlin nach Kirchheim an der Weinstraße, die schöne „pfälzische Toskana", gezogen. Wie schon gesagt bin ich aus der Kirche ausgetreten, doch als getaufter Protestant sehe ich mich auch nach wie vor als solchen an. Denn die Taufe ist für mich ein heiliges, unwiderrufliches Sakrament, das ich sehr ernst nehme.

Mein Mann ist auch Protestant und noch Mitglied in der Kirche. Er vertritt zwar prinzipiell die gleichen Ansichten wie ich, hat aber keine so klare Trennung vollzogen, weil er zum Beispiel im Falle seines Todes eines Tages gern „ordnungsgemäß" kirchlich bestattet werden möchte. Vielleicht treibt ihn auch ein bisschen die Angst um, nicht in den Himmel zu kommen, wenn er aus der Kirche austritt.

Ich bin in dieser Hinsicht pragmatischer und sagte zu ihm: „Mach dir keine Sorgen, die bestatten dich schon. Spätestens wenn der Körper anfängt zu stinken, müssen sie sich ja darum kümmern."

Als wir also nach Kirchheim zogen, berichtete die Presse groß darüber. Das ließ sich nicht vermeiden, schließlich war es eine Sensation, dass dieser extravagante, exzentrische Modemacher Harald Glööckler und sein Partner Dieter Schroth aus der großen Metropole Berlin in das beschauliche Kirchheim an der Weinstraße umzog. Die Dorfjugend feierte meinen Eintritt ins Dorfleben sogar mit einem Wagen auf dem Kerwe-Umzug, ein Ereignis, das hier an der Weinstraße natürlich einen großen Platz einnimmt. Hier gibt es Weinköniginnen, Weingräfinnen und viele örtliche Weinfeste und Umzüge. In Kirchheim feierte man also meine Ankunft mit einem Wagen mit einem Thron darauf, auf dem ein Harald-Glööckler-Double saß, flankiert von Models in extravaganten Roben.

Ein freundlicher Willkommensgruß flatterte auch von der katholischen Kirche ins Haus, die in unmittelbarer Nachbarschaft zu meiner Villa steht. Ich freute mich sehr darüber.

Genau eineinhalb Jahre später, am 28. Dezember 2016, läutete es an der Tür, und draußen stand die evangelische Pfarrerin von Kirchheim. Es war der Geburtstag von Herrn Schroth, und wir hatten Gäste. Herr Schroth freute sich, denn er dachte, die Pfarrerin sei gekommen, um ihm zum Geburtstag zu gratulieren. Dem war aber nicht so, vielmehr war ich das Zielobjekt der Dame.

Vier Wochen zuvor hatte ich einen von mir designten Schmuckschuber für die neue Luther-Bibel präsentiert, den ich anlässlich des Luther-Jahres im Auftrag der deutschen Bibelgesellschaft und der Evangelischen Kirche Deutschlands kreiert hatte. Bei der Präsentation hatte ich in einem Interview verlauten lassen, dass ich mich konfessionstechnisch und glaubenstechnisch als Protestant sähe, da ich im protestantischen Glauben aufgewachsen und getauft worden bin.

Diese Aussage nahm nun die Pfarrerin zum Anlass, am besagten Tag bei uns vorstellig zu werden, um mir eine Standpauke zu halten. Sie machte allerdings keine Anstalten, ins Haus zu kommen, sondern händigte nur kurz und knapp einen Brief an mich aus.

In diesem monierte sie, dass ich mich öffentlich als Protestant bezeichnet hatte. Tatsächlich sei ich aber aus der Kirche ausgetreten und deshalb nicht mehr protestantisch. Des Weiteren benötige die Kirche dringend ein neues Dach beziehungsweise das Geld dafür, das ich doch großzügig zur Verfügung stellen könne.

Unter anderem beklagte sie auch, dass die Jugend der Kirche von Haus zu Haus gegangen sei, um alte Weihnachtsbäume einzusammeln und Geld für die Kirche zu generieren, jedoch bei uns nicht eingelassen worden sei. (Erstaunlicherweise haben die Neujahrssänger der Katholiken bei uns sehr wohl Einlass erhalten – und eine großzügige Spende dazu.)

Dann schrieb sie, ich könne gern zu einem Gespräch zu ihr in die Kirche kommen, um quasi darum zu bitten, wieder in den Schoß der Kirche aufgenommen zu werden. Wenn ich dazu nicht bereit sei, so hieß es in dem Brief weiter, solle ich es zukünftig unterlassen zu erklären, ich sei protestantisch.

Ich dachte, mich tritt ein Pferd. Da braucht die Seelsorgerin des Ortes eineinhalb Jahre, um Kontakt aufzunehmen. (Zu dem Thema, dass die Kirche erwartet, dass die Menschen zu ihr kommen und nicht die Kirche zu den Menschen, was in der heutigen Zeit eigentlich vernünftiger wäre und von Teilen der Kirche auch gelebt wird, kommen wir etwas später.) Und dann hat sie nichts Besseres zu tun, als mich mit Vorwürfen zu überhäufen und im selben Atemzug Geld von mir zu fordern?

Ich war zutiefst bestürzt, dass eine Geistliche, eine Seelsorgerin, derart emotional und unbeherrscht agierte. Wäre sie ganz bei sich gewesen, im seelischen Gleichgewicht, wäre sie sicher in Liebe, Harmonie und Freude zu mir gekommen – und nicht, um mich zu verurteilen und mir fast mittelalterlich anmutend einen Ablass anzubieten.

Natürlich war es ihr gutes Recht, es verwerflich zu finden, dass ich einen Schmuckschuber für die Bibel kreiert hatte. Es war auch ihr gutes Recht, es nicht gutzuheißen, dass ich aus der Kirche ausgetreten bin. Aber als vernünftiger Mensch registriert man so etwas, ohne es zu bewerten und zu beurteilen, sondern akzeptiert es als eine gegebene Tatsache. Mit ihrer unsäglichen Aktion hat sie eine große Chance vertan, das Gespräch mit mir zu suchen und liebevoll in das Thema einzusteigen, um herauszufinden, was denn eigentlich meine Beweggründe waren, letztlich der Kirche den Rücken zu kehren.

Sie hat eine große Chance vertan, das Gespräch mit mir zu suchen und liebevoll in das Thema einzusteigen, um herauszufinden, was denn eigentlich meine Beweggründe waren, letztlich der Kirche den Rücken zu kehren.

Ich hatte in dem Interview auch deutlich gemacht, dass ich mich nach wie vor dem christlichen Glauben verbunden fühlte. Es hätte also genügend Anknüpfungspunkte gegeben. Stattdessen agierte sie in genau der jahrhundertealten Manier, Menschen zu verurteilen und zu richten, die der Kirche schon so viel Schaden zugefügt hat. Ich antworte der Dame mit folgendem Brief:

Sehr verehrte Frau X!

Erst einmal vielen Dank, dass Sie sich die Mühe gemacht haben, mich anzuschreiben.

Wenn ich Ihr Schreiben Revue passieren lasse, so muss ich Ihnen allerdings mitteilen, dass sich mir nicht erschließt, ob Sie mich in Ihrer Aufgabe als Seelsorgerin angeschrieben haben, also um mein Seelenheil bemüht waren, oder vielmehr der Ansatz der Vater des Gedankens war, mich dazu zu bringen, Ihnen Energie in Form von Geld zu schenken. Beides ist übrigens in Ordnung. Aber kommen wir vielleicht zu dem Punkt, was meinen Glauben und meine Vita als Gläubiger anbelangt.

Ich bin evangelisch getauft und konfirmiert. Ich ging jeden Sonntag in die Kirche und wuchs mit der Bildung und Prägung des lutherischen Glaubens auf. Wenn Sie mich heute fragen, welcher Konfession ich angehöre, werde ich Ihnen mitteilen, dass ich lutherischen Glaubens und evangelisch getauft bin.

Für gewöhnlich hat man weder die Zeit, noch wird es von der Gegenseite erwartet, den exakten Glaubensauffassungen einzelner Gemeindemitglieder auf den Grund zu gehen. Da Sie sich aber bemüßigt gefühlt haben, mir gegenüber Ihrerseits ein Statement abzugeben, möchte ich das gerne vertiefen.

Was bedeutet das Wort Konfession? Der Begriff „Konfession" bezeichnet in der christlichen Theologie ursprünglich eine Zusammenfassung von Glaubenssätzen. Daher wird der Begriff auch als Bezeichnung für eine christliche Richtung verwendet, die sich durch ein gemeinsames Bekenntnis von anderen christlichen Richtungen unterscheidet; der Begriff bezeichnet heute also die unterschiedlichen christlichen Kirchen und Gruppierungen. In der Bevölkerung allerdings wird unter Konfession in der Regel die Zugehörigkeit zu einer Religionsgemeinschaft verstanden. Was letztendlich zu Verwirrungen führen kann.

Zur Taufe ist zu sagen, dass sie sowohl in der katholischen als auch evangelischen Kirche auch nach einem Kirchenaustritt Bestand hat. Es herrscht bei allen christlichen Kirchen Übereinstimmung darüber, dass die Taufe nicht rückgängig gemacht werden kann, ein evangelisch oder katholisch getaufter Christ also stets getauft bleibt.

Der Kirchenaustritt ist da etwas differenzierter zu betrachten. Das Mitgliedschaftsrecht der evangelischen Landeskirchen gestattet einen Kirchenaustritt. So bestimmt §10 des Kirchenmitgliedschaftsgesetzes der Evangelischen Kirche in Deutschland: Die Kirchenmitgliedschaft endet
1. mit Fortzug aus dem Geltungsbereich dieses Kirchengesetzes
2. durch Übertritt zu einer anderen Kirche oder Religionsgemeinschaft nach dem Recht der Gliedkirchen oder
3. mit dem Wirksamwerden der nach staatlichem Recht zulässigen Austrittserklärung.

Unabhängig von der Frage der (kirchen-)rechtlichen Mitgliedschaft ist die theologische Frage, ob der Eintrittsakt durch den Austritt aufgehoben wird oder dessen ungeachtet religiös wirksam bleibt.

Die katholische Kirche kennt keinen Austritt aus der Glaubensgemeinschaft Kirche, da eine Taufe als Charakter indelebilis nicht rückgängig gemacht werden kann und sich die katholische Kirche als die Gemeinschaft der Getauften versteht. Character indelebilis (übersetzt: untilgbares Prägemal) bedeutet in der christlichen Sakramentenlehre, dass bestimmte Sakramente die Person, die sie empfangen hat, unauslöschlich und unwiderruflich „prägen" wie der Bildstempel auf einer Münze (so die Urbedeutung von griechisch Charakter).

Und genau dies habe ich der Presse mitgeteilt: dass ich evangelisch getauft und ein Anhänger des lutherischen Glaubens bin. Um diesen allerdings zu leben und die Bibel zu lesen, muss ich, mit Verlaub, nicht erst wieder in die Kirche eintreten.

Zählt nicht letztendlich der Glaube? Sagte nicht Martin Luther: „Allein der Glaube ist des Gewissens Frieden!" Ebenso sagte er: „Gottesfurcht ist nichts anderes als Gottesdienst!" Und hat nicht auch Luther der damaligen Kirche den Rücken gekehrt, weil er sich nicht mehr in ihr wiedergefunden hat?

Es ist doch bezeichnend, dass die entscheidenden Impulse für die Herausbildung der Menschenrechte aus dem Protestantismus kamen. Die prinzipielle Trennung von Geistlichem und Weltlichem durch Luther sollte in protestantischen Gebieten und Ländern ein kirchliches Inquisitionsverfahren unmöglich machen. Den Glauben, so sagte Luther, kann man nicht erzwingen. Er ist ein Werk des Heiligen Geistes.

Ich freue mich, dass die evangelische Kirche heute mit durchaus zeitgemäßen Ansätzen auf die Menschen zugeht. Zwar noch nicht alle und jeder ihrer Vertreter, aber eine neue Grundeinstellung ist durchaus bemerkbar. Denn nur so schaffen Sie es auf Dauer, Menschen wieder zurück in den Schoß der Kirche zu führen. Nicht das Richten und Verurteilen von Gläubigen ist die Aufgabe der Kirchen, sondern das Verbreiten von Licht, Verständnis, Liebe und Geborgenheit.

Über Ihr Angebot zur Besichtigung Ihrer Kirche habe ich mich sehr gefreut und würde gerne darauf zurückkommen. Alles Weitere wird sich ergeben.

Ich danke Ihnen für die Zeit, die Sie sich genommen haben, und wünsche Ihnen einen guten Rutsch ins neue Jahr und Gottes Segen.

Im Übrigen wäre es eine schöne Geste gewesen, wenn Sie am 28.12. Herrn Dieter Schroth zu seinem Geburtstag gratuliert hätten, wenn Sie schon bei uns läuten. Oder dies wenigstens zum Anlass genommen hätten, ihn nach eineinhalb Jahren in der Gemeinde willkommen zu heißen. Denn er ist, und darum geht es ja offensichtlich letztendlich in Ihrem Schreiben, ja noch immer zahlendes Mitglied Ihrer Kirche. Doch anscheinend bekommt man erst dann Aufmerksamkeit, wenn man, wie in meinem Fall, ausgetreten ist.

Gestatten Sie mir, mit einem weiteren Zitat Martin Luthers zu enden: „Die ganze Welt ist voller Wunder!"

Herzlichst
Harald Glööckler

Die Kirche verwaltet das **WERTVOLLSTE**, was es gibt: einen **ZUGANG ZU GOTT.**

Was ist ein guter Verkäufer?
Einer, der den Papst davon überzeugt,
sich ein Doppelbett zu kaufen.

UNBEKANNT

Kapitel 9:
Ist die Kirche im Schlussverkauf?

Unsere Shopping-Kultur und somit auch die Verkaufskultur haben sich in den letzten Jahren grundlegend geändert. Mit dem Internet-Boom gab es wohl den größten Wandel in der Shopping-Kultur. Kleidung, Schuhe, Möbel und sogar Essen werden heute online bestellt und nach Hause geliefert. Und die Begeisterung für diese Art des Einkaufens nimmt nicht ab, sondern eher zu. Es gibt unendlich viele Verkaufsshows in Shopping-Kanälen und noch mehr Abnehmer für die dort angebotenen Produkte.

Woran das unter anderem liegt, wurde mir in über zwölf Jahren bewusst, die ich im Teleshopping aktiv war. Zum Teleshopping kam ich wie die Jungfrau zum Kinde. Ich habe quasi eine geistige Firma gegründet mit mehreren Engeln im „Aufsichtsrat". Immer, wenn ich vor großen Aufgaben stehe oder nicht weiterweiß, rufe ich meinen Aufsichtsrat an.

Von Anfang meiner Geschäftsaktivitäten an hatte ich beschlossen, den Rat meiner lieben Mutter zu befolgen und mein Leben in den Dienst einer guten Sache zu stellen. Mein erklärtes Ziel war und ist es, alle Frauen zu Prinzessinnen zu machen, alle Menschen mit Respekt zu behandeln und ihr Leben zu bereichern. Für derartige Ziele kann man Engel in der eigenen Firma gut gebrauchen. Eines Tages sagte ich also zu ihnen: „Ich wünsche mir eigene Geschäfte in Deutschland, Österreich und der Schweiz und eine eigene Fernsehshow."

Wichtig bei solchen Wünschen ist meiner Erfahrung nach, die Bitte möglichst klar zu formulieren, was ich in diesem Fall nicht getan hatte. Es ist auch wichtig, immer hellhörig und mit offenen Augen durchs Leben zu gehen, sonst verpasst man so manches Wunder oder Geschenk. Und das Leben und Gott lieben es, uns zu beschenken.

Als ich schon nicht mehr an diese Bitte dachte, kam eines Tages die Gelegenheit: Auf einer großen Gala traf ich den Vorstandsvorsitzenden des Teleshopping-Kanals HSE 24. Wir kamen ins Gespräch und beschlossen zusammenzuarbeiten. Schon lange fragte ich mich, warum Luxus eigentlich nicht für jeden zugänglich sein sollte. Mein Ziel war es, Mode anzubieten, in der sich Frauen wie Prinzessinnen fühlten und die sich jede leisten konnte. Mit diesem Mann an meiner Seite wurde die Idee plötzlich zu einer konkreten Vision: eine Pompöös-Linie zu erschwinglichen Preisen exklusiv auf HSE 24.

Mich überkam ein Gefühl von Wärme und Zuversicht. Das hier war eindeutig die Antwort auf meinen Wunsch! Ich bekam eine eigene Fernsehshow und Läden in ganz Deutschland. Es waren allerdings keine herkömmliche Shops, in denen die Kunden zu mir kamen, sondern vielmehr ging ich zu den Kunden, indem ich direkt zu ihnen ins Wohnzimmer kam. Noch besser!

Ich sah dies sofort als eine wunderbare Chance, alle Frauen zu erreichen, bis in das kleinste Dorf, überall dort, wo ein Fernsehgerät steht. Meine Sendungen wurden von Anfang an zu einem Verkaufsschlager. Das hatte verschiedene Gründe, aber einer ist sicher der ausschlaggebendste: Meine Sendungen waren im Grunde genommen eher therapeutische Sitzungen als Verkaufsshows. Ich machte meinen Prinzessinnen vor dem Fernseher Komplimente und ermutigte sie, und eher nebenbei verkaufte ich meine Produkte. Mein Verkauf war ein ehrlicher Verkauf.

Denn ich hatte eine Botschaft, eine Mission, an die ich glaubte und mit der ich den Frauen half. Es ging mir nicht in erster Linie ums Geldverdienen, denn darüber mache ich mir keine Sorgen. Mir war schon immer klar: Wenn du den Menschen Gutes tust, kommt das tausendfach zurück.

Meine Sendungen waren im Grunde genommen eher therapeutische Sitzungen als Verkaufsshows. Ich machte meinen Prinzessinnen vor dem Fernseher Komplimente und ermutigte sie, und eher nebenbei verkaufte ich meine Produkte.

Und so war es auch. Ich bekam eine Flut von Dankesbriefen. „Danke für die tolle Kollektion und die wunderbare Passform" … „Sie bringen Glanz in jede Hütte" … „Sie sind ein Beispiel für Disziplin, Durchhaltevermögen und den unerschütterlichen Glauben an sich selbst" … „Ich finde Sie einzigartig, faszinierend, authentisch, und ich zolle Ihnen großen Respekt für Ihre berufliche Leistung" … „Für mich sind Sie ein Engel … Sie haben mir sehr viel Mut gegeben" … „Sie sind ein leuchtendes Beispiel für andere."

Eine Dame meinte sogar: „Herr Glööckler, wenn Sie eine Glaubensgemeinschaft gründen würden, ich würde sofort beitreten!"

Eine Glaubensgemeinschaft gründen, das war nun wirklich nicht das, was mir vorschwebte. Aber die Äußerung und die vielen dankbaren Reaktionen der Zuschauerinnen gaben mir zu denken. Wie konnte es sein, dass die Menschen so sehr nach ein bisschen Zuspruch und Ermutigung dürsteten und sie anscheinend nirgendwo anders bekamen? Und wie war es möglich, dass eine andere Institution, die eigentlich das perfekteste, das beste, das einmaligste Produkt anzubieten hat, das es auf der ganzen Welt gibt, offensichtlich nicht in der Lage war, dieses Produkt professionell zu verkaufen?

Diese Institution, die ich meine und die sowohl sich als auch ihr Produkt derart schlecht „vermarktet", dass ich es nicht mit ansehen kann, ist die Kirche.

Wie ist es möglich, dass eine Institution, die eigentlich das perfekteste, das beste, das einmaligste Produkt anzubieten hat, das es auf der ganzen Welt gibt, offensichtlich nicht in der Lage ist, dieses Produkt professionell zu verkaufen?

Sie „verkauft" etwas, das seit Jahrtausenden ein Bestseller ist, mit dem denkbar schlechtesten Marketing: selbstherrlich, überheblich, unbelehrbar und vollkommen von sich überzeugt. Eigentlich grenzt es schon beinahe an ein Wunder, dass es überhaupt noch Menschen gibt, die dennoch den Weg zu Gott finden.

Um heutzutage auf dem Markt bestehen zu können, muss man die Menschen erreichen. Und dazu reicht es nicht, einfach darauf zu warten, dass die Menschen zu einem kommen, in diesem Fall in die Kirche. Man muss die Kirche zu den Menschen bringen.

Immerhin gibt es inzwischen auch Fernsehgottesdienste, sodass die Kirche tatsächlich in die Wohnzimmer der Menschen kommt. Ein guter Ansatz, aber das, was ich meine, ist mehr ein inneres In-Bewegung-Kommen.

Insbesondere eine Institution, die für das Seelenheil der Menschen zuständig zeichnet, sollte die Sprache und Erlebniswelt der heutigen Menschen repräsentieren. Sie sollte sich dem Zeitgeist nicht anpassen, aber ihm Rechnung tragen und up to date sein.

Um heutzutage auf dem Markt bestehen zu können, muss man die Menschen erreichen. Und dazu reicht es nicht, einfach darauf zu warten, dass sie zu einem kommen. Man muss die Kirche zu den Menschen bringen.

Statt die Menschen mit überhöhten Ansprüchen und alltagsfernen Predigten abzuschrecken, sollte sie es ihnen möglichst leicht machen, sich dem Glauben anzunähern. Jeder, der ein Produkt vernünftig an den Mann oder die Frau bringen will, präsentiert es in einem möglichst guten Licht und stellt seine Vorteile heraus. Nur die Kirche macht das Gegenteil.

Statt den Menschen verständlich, zeitgemäß und einladend ihr wunderbares Angebot vorzustellen, traktiert sie sie mit Vorurteilen, Geboten, Verboten und macht ihnen ein schlechtes Gewissen und Angst vor der Hölle, statt sie zu trösten und ihnen Hoffnung zu spenden.

Jeder, der ein Produkt vernünftig an den Mann oder die Frau bringen will, präsentiert es in einem möglichst guten Licht und stellt seine Vorteile heraus. Nur die Kirche macht das Gegenteil.

Meine Kundinnen merken bei mir, dass sie mir wirklich am Herzen liegen. Und ebenso haben Menschen feine Antennen dafür, wenn sie einem eigentlich gleichgültig sind und man ihnen nur etwas verkaufen will. Was bei einem Kühlschrank vielleicht noch angehen mag, ist bei einer so wichtigen Sache wie dem Glauben fatal – ein Geistlicher, der im Grunde nur „Missionierungsopfer" oder zahlende Mitglieder sucht, wird nie das Vertrauen seiner Schäfchen gewinnen oder eine Kirche leiten, die Menschen anzieht.

Die Kirche verwaltet das Wertvollste, was es gibt: einen Zugang zu Gott, zu bedingungsloser Liebe. Das ist wichtiger und besser als alles, was man mit Geld kaufen kann. Aber sie vermarktet dieses einmalige Angebot so schlecht, dass es niemand „kaufen" will, ja, viele Leute nicht mal mehr von seiner Existenz wissen.

Die Kirche verwaltet das Wertvollste, was es gibt: einen Zugang zu Gott, zu bedingungsloser Liebe. Das ist wichtiger und besser als alles, was man mit Geld kaufen kann.

Das hat aus meiner Sicht mehrere Gründe. Zunächst mal ist da die „Verpackung". Noch immer kommen die meisten Kirchen altbacken, langweilig, angestaubt und ewig gestrig herüber. Wenn ich den Leuten solche Produkte anbieten würde, könnte ich wohl kaum mit großer Nachfrage rechnen!

Die Gottesdienste sind staubtrocken und immer gleich, es werden Texte vom Blatt abgelesen, und schon die Wortwahl ist bei vielen Pfarrern abgehoben und weit weg von dem, wie normale Menschen auf der Straße reden. Dazu gibt es Orgelmusik und uralte Choräle.

Ganz sicher hat auch diese Musik ebenso wie die Liturgie ihre Berechtigung und Schönheit. Aber wenn man heute moderne Menschen für etwas interessieren will, reicht es nicht, immer nur das zu machen, was man eben immer schon gemacht hat. Natürlich gibt es Leute, denen diese Art des Gottesdienstes zusagt – aber noch viel mehr, die man mit ein bisschen mehr Lebendigkeit begeistern könnte: eine gewisse Dramaturgie des Gottesdienstes, mehr Farbe und Lebendigkeit, mehr Kunst.

Wie so etwas aussehen kann, erlebte ich im Jahr 2017 in Frankfurt.

Wie ich mir
KIRCHE eigentlich
VORSTELLE:
Ein Ort, um
GOTT ZU FEIERN,
in **DANKBARKEIT**
und **FREUDE.**

Ausnahmen sind nicht immer Bestätigung
der alten Regel; sie können auch die
Vorboten einer neuen Regel sein.

MARIE FREIFRAU VON EBNER-ESCHENBACH (1830–1916),
ÖSTERREICHISCHE ERZÄHLERIN

Kapitel 10:
Alle Wege führen nach Rom

ass es auch anders geht, zeigen Kirchen wie die Andreasgemeinde in Niederhöchstadt bei Frankfurt, die
mich 2017 zu einigen Gottesdiensten als Redner einlud. Dort
werden seit vielen Jahren außergewöhnliche Gottesdienste für
Menschen gefeiert, die der Kirche eher kritisch gegenüberste-
hen – sogenannte „GoSpecials" mit verschiedenen Künstlern an
ungewohnten Orten wie zum Beispiel im Kinosaal.

Nachdem ich von der Deutschen Bibelgesellschaft gebeten
worden war, einen Schmuckschuber für die brandneue Überset-
zung der Lutherbibel anlässlich des 500-jährigen Lutherjubilä-
ums zu kreieren, war man bezüglich meines Glaubens auf mich
aufmerksam geworden und bat mich, in einem der GoSpecial-
Gottesdienste zu predigen und über meinen Glauben zu sprechen.

Diesem Ruf bin ich mehrfach mit großem Erfolg nachgekommen. Es war für mich eine große Freude und Bereicherung zu sehen, dass ich vielen Menschen dadurch etwas geben konnte. Und die Andreasgemeinde hat genau das erreicht, was sie möchte – Menschen, die eine Sehnsucht nach Gott verspüren, aber mit den traditionellen Kirchen nichts mehr anfangen können, auf neuen und ungewöhnlichen Wegen wieder mit Gott und ihrer spirituellen Seite in Verbindung zu bringen.

Der Gottesdienst, an dem ich teilhatte, war großartig. Etwas ganz Neues, ein Happening, ein Fest – so, wie ich mir Kirche eigentlich vorstelle. Ein Ort, um Gott zu feiern, in Dankbarkeit und Freude.

Der Gottesdienst, an dem ich teilhatte, war großartig. Etwas ganz Neues, ein Happening, ein Fest – so, wie ich mir Kirche eigentlich vorstelle. Ein Ort, um Gott zu feiern, in Dankbarkeit und Freude.

Ein wenig erinnerte es mich an einen Gottesdienst in Amerika mit Gospelchor. Es fing schon mal damit an, dass der Festakt – denn so möchte ich den Gottesdienst nennen – nicht in einer Kirche, sondern in einem Kino stattfand. Es waren über 600 Besucher dort; das hat mich völlig geflasht. Der Gottesdienst dauerte eineinhalb Stunden und war durch seine Vielseitigkeit extrem kurzweilig. Es trat eine Rockgruppe auf, dazu ein exzentrischer Sänger in High Heels und Hotpants. Dann führte Pfarrer Karsten Böhm ein Interview mit mir, und nachfolgend kam meine Predigt.

Pfarrer Karsten Böhm ist, ebenso wie seine Gemeinde, ein leuchtendes Beispiel dafür, dass es auch anders geht. Ein Seelsorger am Puls der Zeit, aufgeschlossen, interessiert, zugänglich, freundlich, vertrauenswürdig. Er vermittelt vom ersten Moment an Nähe und baut Brücken, man hat sofort das Gefühl, dass man mit ihm über alles reden kann, ohne Vorbehalte, ohne Sorge vor Ablehnung. Dabei ist er keineswegs ein Übermensch, sondern einfach einer, der anderen Menschen offen und warmherzig begegnet.

Die GoSpecial-Gottesdienste sind voll! Und es gibt auch viele andere Gemeinden, die moderne Elemente in ihre Gottesdienste einbauen und so Menschen ansprechen, die der Kirche eigentlich entfremdet sind. Dazu muss man als Verantwortlicher nur mal ein bisschen über den eigenen Schatten springen und sich etwas trauen. Es lohnt sich!

Ein oft angeführter Kritikpunkt ist, dass die Kirche dazu neigt, Menschen zu bevormunden und ihnen Vorschriften zu machen. Heute sicher nicht mehr so extrem wie in früheren unrühmlichen Zeiten, aber dennoch. Dieses Gefühl hat man in den GoSpecial-Gottesdiensten nicht eine Sekunde. Dabei ist es aber keineswegs nur eine oberflächliche Show, was man dort vermittelt bekommt, ganz im Gegenteil. Es gibt viele tiefgehende Impulse und Hilfestellung für das eigene Leben. Aber eben alles modern und ansprechend verpackt.

Sehen Sie, ich biete meinen Kunden meine wunderschönen Produkte an und bin überzeugt davon, dass ich ihnen damit etwas Gutes tue. Aber ich schreibe ihnen nicht vor, was sie damit machen sollen. Sicher kann ich auf Wunsch Menschen dahin gehend beraten, was sie wie kombinieren können, um ein bestmögliches Ergebnis zu erzielen, aber ich dränge ihnen diesen Rat nicht unaufgefordert auf oder lege gar fest, was sie zu tun oder zu lassen haben. Wenn ich damit anfangen würde – worauf ich aber nicht die geringste Lust verspüre –, müsste ich mich nicht wundern, wenn niemand mehr etwas von meinen Produkten wissen wollte.

Ich bin überzeugt, wenn die Kirche sich von der Position des etwas sauertöpfischen Oberlehrers wegbewegen würde, der mit erhobenem Zeigefinger über die Moral wacht, und sich wieder auf ihre eigentliche Aufgabe zurückbesinnen würde, Menschen so zu begegnen wie Pfarrer Karsten Böhm und sein Team, nämlich aufgeschlossen und auf Augenhöhe – sie könnte sich vor dem Ansturm der sinnsuchenden Menschen kaum retten.

Und diese Aufgabe ist es, Menschen einen Zugang zum Glauben zu ermöglichen und ihnen zu vermitteln, dass sie von Gott bedingungslos geliebt sind, jetzt und hier, so wie sie sind – und nicht erst wenn sie sich in bestimmter Art und Weise verhalten und nichts mehr verkehrt machen.

Wenn die Kirche sich von der Position des sauertöpfischen Oberlehrers wegbewegen würde, der mit erhobenem Zeigefinger über die Moral wacht, und sich auf ihre Aufgabe zurückbesinnen würde – sie könnte sich vor dem Ansturm der sinnsuchenden Menschen kaum retten.

Dies ist meiner Meinung nach der richtige Weg für die Kirche, wenn sie Menschen zurückgewinnen will. Indem sie den Gläubigen auf Augenhöhe begegnet und sie ernst nimmt. Sich öffnet und zeitgemäß agiert und lebt. Eine Kirche, die Menschen verständnisvoll entgegentritt, anstatt sie zu maßregeln. Die den Menschen das Gefühl gibt, wichtig, göttlich und einmalig zu sein, statt sie als Sünder abzuqualifizieren und ins Büßergewand zu manövrieren. Eine Kirche, die gleichwertiger Partner ist statt Obrigkeit. Eine Institution, die es versteht, alle Menschen in ihrer Gesamtheit anzunehmen, völlig unabhängig davon, welcher Konfession, welcher Sexualität sie angehören.

Eine Kirche, die endlich begreift, dass sie für die Menschen da sein muss und nicht die Menschen für die Kirche. Denn wir Menschen können durchaus ohne die Kirche existieren – die Kirche aber nicht ohne uns Menschen.

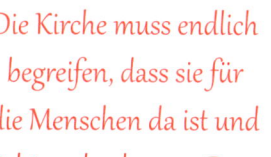

Die Kirche muss endlich begreifen, dass sie für die Menschen da ist und nicht andersherum. Denn wir Menschen können durchaus ohne die Kirche existieren – die Kirche aber nicht ohne uns Menschen.

Das **WAHRE WESEN** von **JESUS** kann man nur in der **PERSÖNLICHEN BEGEGNUNG** mit ihm **ANSATZWEISE ERFASSEN.**

Wir bauen Bilder vor dir auf wie Wände;
sodass schon tausend Mauern um dich stehn.
Denn dich verhüllen unsre frommen Hände,
sooft dich unsre Herzen offen sehn."

RAINER MARIA RILKE (1875–1926), LYRIKER

Kapitel 11:
Über Judas zu Jesus

In der spartanischen Kirche meiner Kindheit hing vorne im Altarraum das Kreuz mit Jesus. Ich fragte mich oft, wieso man ihn immer ans Kreuz genagelt und blutend präsentieren musste und nicht einmal in einem schönen Gewand, strahlend, die Menschen segnend, wie er es ja auch getan hatte. In unserer Kirche mit ihren nackten, kahlen Wänden wurde mir stattdessen eine grausame Mordszene präsentiert, indem Jesus ans Kreuz genagelt vor meinen Augen hing, mit blutenden Wunden.

Auf mich als Kind wirkte das, als würde man zu Hause das Bild eines eben erschossenen Verwandten als einzigen Schmuck an die Wand hängen. Ich dachte mir: *Das macht doch auch keiner, das ist doch nicht normal.* Also, was das für einen Sinn machen sollte, begriff ich nicht.

Außerdem musste ich einen blutenden Körper schon oft genug zu Hause sehen, wenn mein Vater mal wieder unter Alkoholeinfluss meine Mutter entsprechend zugerichtet hatte.

Ja, ich wusste, dass Jesus am Kreuz für mich gestorben war, das wurde einem ja immer und immer wieder eingebläut. Jesus, der an das Kreuz genagelt wird; die Dornenkrone auf dem Haupt, trägt er sein eigenes Kreuz, lässt sich anspucken und verspotten, lässt alles über sich ergehen und wehrt und verteidigt sich nicht im Geringsten.

Diese ganze Geschichte versaute einem das ganze Osterfest. Es hätte alles so schön sein können, wenn man dieses Drama nicht wieder und wieder hätte miterleben müssen. Jesus sei der Erlöser, der für uns gestorben ist, dafür müssten wir dankbar sein, hieß es. *Wieso soll ich dankbar sein?*, dachte ich. Ich hatte ihn nicht gebeten, für mich zu sterben, und ich wusste auch nicht, welche schlimme Schuld ich auf mich geladen haben könnte. Und ehrlich gesagt war das alles vor bald 2000 Jahren geschehen, und ich hatte keine Lust, deshalb immer ein schlechtes Gewissen suggeriert zu bekommen und ein Bußgewand anzulegen.

Jesus sei der Erlöser, der für uns gestorben ist, dafür müssten wir dankbar sein, hieß es. Doch ich hatte ihn nicht gebeten, für mich zu sterben, und ich wusste auch nicht, welche schlimme Schuld ich auf mich geladen haben könnte.

Seien wir doch mal ehrlich, dieser Mann, den sie da Jesus nannten, der in Leinengewändern und Sandalen durch die Lande gezogen sein soll, mit einer Hippie-Frisur, mich vorwurfsvoll anblickend am Kreuz hing, das war zu viel des Guten!

Ich hatte immer einen festen Glauben, gerade deshalb aber wehrte ich mich gegen dieses Bild von Jesus, das ja so gar nicht zu meiner eigenen Vorstellung passte. Ich war mir sicher, irgendetwas stimmte da nicht! Und so begann mir dieser Jesus und die ganze Geschichte um ihn herum irgendwann fürchterlich gegen den Strich zu gehen, ich hatte keinen Bock mehr darauf, es nervte mich.

Es passte mir auch überhaupt nicht, dass man sich in unserer Gemeinde gar nicht um die Muttergottes bemühte, die die Katholiken verehrten. Maria mochte ich sehr, da sie immer so schöne Kleider anhatte und so freundlich lächelte. Ich fand Maria viel anziehender als den blutenden Jesus, und mit Gott dem Vater hatte ich dank des schlechten Vorbilds meines irdischen Vaters auch so meine Probleme. Zu Frauen hatte ich dagegen immer schon ein sehr gutes Verhältnis, ich war umgeben von starken, guten Frauen, die mich großzogen und mir die Liebe und Wärme vermittelten, die mir in meinem Elternhaus gefehlt hatten. Warum viele Katholiken lieber zu Maria beten als zu Gott direkt, war mir daher absolut verständlich.

Ich fand Maria viel anziehender als den blutenden Jesus, und mit Gott dem Vater hatte ich dank des schlechten Vorbilds meines irdischen Vaters auch so meine Probleme.

Ich sprach daher oft mit Maria und fühlte mich von ihr verstanden und wahrgenommen. Auch beschäftigte ich mich viel mit Engeln und hatte einige Begegnungen mit ihnen. Doch wer Jesus war und was er mit mir zu tun hatte, erschloss sich mir lange nicht.

Ich glaube, dass er mir so fremd wurde, hing mit der Tatsache zusammen, dass ich ein vorgefertigtes Bild von ihm vermittelt bekommen habe, bevor ich eine Chance gehabt hatte, ihn unvoreingenommen zu erleben. Da war ebendieser Jesus am Kreuz mit dem Hippielook und den offenen Sandalen. Bilder, welche zu fest in mir verankert wurden, sodass sie keine Möglichkeiten, keine Überraschungen und keinen Spielraum für Fantasie mehr zuließen.

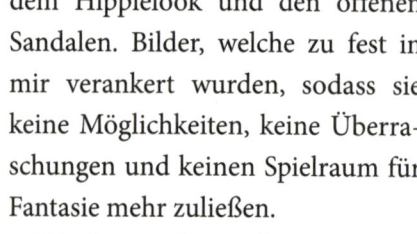

Dass Jesus mir fremd wurde, lag daran, dass ich ein vorgefertigtes Bild von ihm vermittelt bekommen habe, bevor ich eine Chance gehabt hatte, ihn unvoreingenommen zu erleben.

Die Person Jesus, dieser Mensch auf der einen Seite und der Sohn Gottes auf der anderen, fand ich auch lange Zeit schwer zu fassen. Ein Revoluzzer, ein Unbequemer, ein Querulant, welcher mit einer Horde Männer durch die Lande zog, die Obrigkeit brüskierend, im Tempel die Tische umwerfend. Dazu führten sie ein Leben geprägt von Verzicht und Armut.

Einige seiner Nachfolger waren Verräter an ihm selbst, illoyal und unzuverlässig, und er, der der Sohn Gottes sein sollte, bemerkte diesen Verrat nicht?

Dieser Jesus der Armen und Verlassenen wirkte irgendwie nicht wie ein Siegertyp auf mich. Das alles zeichnete ein widersprüchliches Bild, das mich verwirrte; es kam mir nicht stimmig vor.

Sehr verdächtig erschien mir auch diese Geschichte mit Judas, der Jesus verriet. Ich fragte mich auch da: Wieso bemerkte Jesus nicht, dass er einen Verräter um sich hatte?

Heute habe ich eine Antwort auf die Frage: Wir alle haben schon einmal einen Judas um uns gehabt. Verrat ist allgegenwärtig und ein Teil des menschlichen Daseins. Für Jesus war Judas ein Teil des Deals, er verurteilte ihn nicht. Einer musste den Verrat begehen, und Judas war derjenige, der sich dazu bereit erklärt hatte. Im Grunde genommen hatte er Jesus einen Gefallen getan.

Verrat ist nur möglich, wenn man ihn zulässt, und wie oft lassen wir ihn zu, sei es bewusst oder unbewusst? Wie lange dauert es mitunter, bis wir bereit sind zu erkennen, dass uns jemand verrät, den wir lieben und dem wir vertrauen? Wenn wir uns dessen bewusst werden, dann verstehen wir etwas mehr, was uns Jesus geschenkt hat, indem er für uns Verrat und Tod auf sich genommen hat. Nicht aus Schwäche, sondern aus Liebe. Die Möglichkeit zu verstehen und zu verzeihen und loszulassen. Nur wenn wir Altes loslassen, kann Neues in unser Leben treten. Wenn wir nicht loslassen, leben wir gegen den Fluss des Lebens. Verzeihen und Loslassen ist göttlich und befreit.

Das alles wurde mir allerdings erst viel später bewusst, denn leider wurde es mir in der Kirche nicht vermittelt.

Aber irgendetwas faszinierte mich auch an dem Leben von diesem Jesus aus Nazareth. War er nun ein Opfer oder ein Hero? Ich war in der Wahrnehmung hin- und hergerissen.

Auch einiges anderes in der Bibel kam mir eigenartig fremd vor. Da lebt eine Frau mit einem Mann zusammen, bekommt ein Kind, ist aber noch Jungfrau und wurde angeblich vom Heiligen Geist geschwängert. *Klar wie Kloßbrühe. Wer das glauben will, soll das glauben.*

Dieser Josef schien auch ein richtiger Loser zu sein, er schaffte es nicht einmal rechtzeitig, sich um einen adäquaten Aufenthaltsort für seine gebärende Frau zu kümmern. So landeten sie in einem Stall

Aber irgendetwas faszinierte mich auch an dem Leben von diesem Jesus aus Nazareth. War er nun ein Opfer oder ein Hero? Ich war in der Wahrnehmung hin- und hergerissen.

zwischen Esel, Kuh und Schaf, und die Könige aus dem Morgenland steuerten wie selbstverständlich den Stall an, um der Familie und dem Neugeborenen ihre Aufwartung zu machen und Geschenke darzubringen. *Wieso*, fragte ich mich, *hat keiner der hochwohlgeborenen Herren Könige die Familie zuvor zu sich gebeten, um ihnen einen Platz zum Wohnen anzubieten?* Auch später spielte dieser Josef eine sehr untergeordnete, um nicht zu sagen gar keine Rolle. Er war quasi nur ein Statist, und zwar gefühlt die ganze Zeit.

Ich beschloss, mich auf die Muttergottes zu konzentrieren und auf die Erzengel Michael, Rafael und Gabriel. Bei ihnen fühlte ich mich sicher und am richtigen Platz.

Eigentlich dauerte es bis zu meinem 30. Lebensjahr, bis ich mich mit Jesus wieder beschäftigte.

Ich hatte wie gesagt ganz andere Wege eingeschlagen als die, die die Kirche vorgibt. Und eines Tages passierte die Wendung, geschah das Wunder: Ich saß in meinem Garten neben meiner Muttergottes-Statue und meditierte. Eigentlich wollte ich wieder einmal einiges loslassen, das nicht mehr zu meinem Leben passte, und war in einem langen Zwiegespräch mit dem Erzengel Michael, den ich bat, mit seinem Schwert die energetischen Verbindungen zur Vergangenheit zu durchtrennen. Ich stellte mir vor, dass zwischen mir und den Menschen, die meinen Weg kreuzen, so etwas wie energetische

Ich begriff, dass Jesus Liebe ist, eine allumfassende Liebe, dass er alles ist, alles in allem, nicht etwa begrenzt, wie man ihn uns verkauft hatte, und von nichts ausgegrenzt.

Schnüre existieren, von meinem Bauchnabel zu ihrem. Die negativen Verbindungen wollte ich kappen, sodass nur noch die positiven bestehen bleiben. Doch dann spürte ich, dass mehr anstand als nur diese Sache. Ich wollte einen Neuanfang und bat daher jeden himmlischen Helfer um Unterstützung, der kommen wollte. Plötzlich stand Jesus mitten in meinem Garten und lächelte mich unvermittelt an. Er war klarste und reinste Liebe, und die ganzen Vorbehalte schmolzen dahin. Er war mir sehr vertraut. Ich stellte fest, dass nicht er es war, der mir dieses schiefe Bild von sich selbst vermittelt hatte, sondern dass er offensichtlich ebenso instrumentalisiert worden war wie so vieles andere in der Kirche.

Ich begriff und spürte, dass er Liebe ist, eine allumfassende Liebe, dass er alles ist, alles in allem, nicht etwa begrenzt, wie man ihn uns verkauft hatte, und von nichts ausgegrenzt. Denn wenn Jesus allmächtig ist, ist er alles. Er ist glamourös, er ist puristisch, er ist arm, er ist reich, er ist schwul, er ist hetero. Mann, Frau und Kind. Er ist ohne Begrenzungen, frei von Bewertungen, und seine Liebe sprengt alle Grenzen.

Mir wurde klar, dass es etwas gibt, das weit über den Rahmen des mir bisher gelehrten Glaubens hinausgeht. Das wahre Wesen von Jesus kann man nur in der persönlichen Begegnung mit ihm ansatzweise erfassen. Denn das uns von Dritten vermittelte Bild von Jesus ist immer eingefärbt, geprägt von Emotionen und Restriktionen. Es wurde über Jahrtausende von den Kirchen nach deren Bedürfnissen etwas, oder auch

Das wahre Wesen von Jesus kann man nur in der persönlichen Begegnung mit ihm ansatzweise erfassen. Denn das uns von Dritten vermittelte Bild ist immer eingefärbt von Emotionen und Restriktionen.

etwas mehr, angepasst. Und oft auch von ihnen benutzt, um die Gläubigen zum „passenden" Glauben und zur Demut zu erziehen.

Die Gefahr, wenn man eine Geschichte nicht aus erster, sondern aus dritter Hand erzählt bekommt, besteht darin, dass sie durch den Erzähler oder die Erzähler neu gefärbt wurde und Dinge anders gewichtet, vergessen oder bewusst weggelassen wurden. Dadurch bekommt die Aussage eine völlig neue Ausrichtung und Wirkung, und wir werden quasi mit Halbwahrheiten gefüttert.

Oftmals entspringt dieses Auswahlverfahren, was weiter übernommen oder weggelassen wird, einfachen menschlichen Bedürfnissen, frei nach dem Motto: Was mir angenehm ist oder meinen Zwecken dient, nehme ich an, was unangenehm ist, lasse ich lieber weg.

In meinen Augen ist es ein großer Fehler, wenn in der kirchlichen Lehre vor allem Kindern ein festgelegtes, bestimmtes Bild von Gott vermittelt und als die absolute Wahrheit verkauft wird – wie er ist, was er will, was richtiges und falsches Verhalten ist, wer „dazugehört" und wer nicht. Gerade Kinder haben oft eine lebhafte Fantasie, sie bringen aber auch Erwachsenen und besonders Autoritätspersonen ein angeborenes Grundvertrauen entgegen und gehen davon aus, dass das, was diese Person sagt, richtig ist. Eine der wichtigsten Erkenntnisse meines Lebens und eine der schockierendsten ist, dass fast alles, was man mir von Kindheit

In meinen Augen ist es ein großer Fehler, wenn schon Kindern ein festgelegtes Bild von Gott vermittelt und als die absolute Wahrheit verkauft wird – wie er ist, was er will, was richtiges und falsches Verhalten ist, wer „dazugehört" und wer nicht.

an beigebracht hat, für mich nicht richtig oder nicht richtungs-
weisend, sondern verwirrend bis irreführend war.

Teilweise lag das auch an der Art, wie die Inhalte der Bibel
vermittelt wurden. Die Geschichten der Bibel sind vielschichtig
und oft verwirrend. Wenn man sie
Kindern nach dem Motto „Friss oder
stirb!" hinwirft oder auf für sie völlig unverständliche Art nahebringt,
so wie es bei mir damals der Fall
war, bewirken sie eher Verwirrung
und Distanz, als dass Kinder Lust
bekommen, sich mit diesem Gott zu
beschäftigen. Und dass Kinder oder
Jugendliche Interesse am Glauben
bekommen, wenn sie einem langwei-
ligen Gottesdienst beiwohnen, mit
dessen Elementen sie nichts anfan-
gen können, oder den Katechismus pauken müssen, ist mehr als
nur unwahrscheinlich.

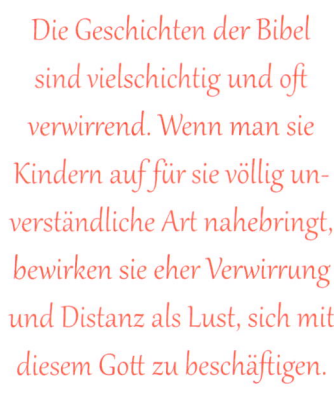

Die Geschichten der Bibel
sind vielschichtig und oft
verwirrend. Wenn man sie
Kindern auf für sie völlig unverständliche Art nahebringt,
bewirken sie eher Verwirrung
und Distanz als Lust, sich mit
diesem Gott zu beschäftigen.

Es gibt viele Kirchen und Gemeinden, die fröhliche, kindge-
rechte Formen gefunden haben, wie in Kindern die Neugier auf
Gott und den Glauben geweckt werden kann. Aber es ist noch
längst nicht überall so, sondern vielerorts sind Kinder gezwungen, Predigten und Gottesdienstformen abzusitzen, die nichts
mit ihnen zu tun haben.

Da muss sich ihnen ja, genau wie mir damals, der Eindruck
aufdrängen, dass Glauben uninteressant und irgendwie unver-
ständlich und Gott weit weg ist. Das zeigt sich auch an der traurigen Tatsache, dass es mittlerweile schon ein allgemein bekannter
Ausdruck ist, dass Kinder „aus der Kirche herauskonfirmiert"
werden.

Kinder sind unsere Zukunft, auch die Zukunft der Kirche, und es wird höchste Zeit, dass die Kirche sich bewegt und auch Kinder bei ihren Bedürfnissen abholt.

Vieles, was ich heute über Jesus denke und glaube, habe ich nach der Begegnung mit ihm verstanden, also ohne die Kirche oder sogar, um es zugespitzt auszudrücken: *trotz* der Kirche. Und das kann doch nicht im Sinne des Erfinders sein!

Statt uns klarzumachen, dass Jesus in uns lebt und durch uns lebt und wir durch ihn, und dass wir mit ihm alles erreichen können, wird unentwegt das Bild von Jesus am Kreuz gepflegt, in dessen Schuld wir stehen. Ein Heiliger, unerreichbar für uns Menschen und somit weit weg von uns. Dass Jesus aus reiner Liebe zu uns gestorben ist, um wieder aufzuerstehen, und uns damit die Chance der ewigen Erneuerung geschenkt hat, die Möglichkeit, immer wieder neu anzufangen, das verschweigt uns die Kirche.

Dafür ist Jesus gestorben. Er ist immer für uns da, er nimmt uns an der Hand, er führt uns, er tröstet uns, er hat uns unsere Schuld, unsere Sünden abgenommen. Ich habe einmal gehört, dass eine tiefgreifende Bewusstseinsveränderung, so wie sie durch Jesus in uns geschieht, vergleichbar mit dem Tod sei. Denn dabei stirbt etwas Altes, und etwas Neues entsteht. Das ist für mich ein tröstlicher Gedanke: Wir werden sozusagen immer

Kinder sind unsere Zukunft, auch die Zukunft der Kirche, und es wird höchste Zeit, dass die Kirche sich bewegt und auch Kinder bei ihren Bedürfnissen abholt.

wieder neu geboren, tagtäglich, sekündlich, stündlich. Wir sterben ständig, um wieder neu geboren zu werden.

Für mich hatte der Tod nie etwas Erschreckendes. Wenn überhaupt, dann kann ich höchstens Angst vor dem Sterben nachvollziehen. In Psalm 90,12 steckt für mich eine tiefe Weisheit: *Lehre uns bedenken, dass wir sterben müssen, auf dass wir klug werden.*

Der Tod ist einmalig, er ist unser bester Freund, er begleitet uns von Geburt bis zum Sterben, vom Anfang bis zum Ende. Man sollte ihm hoch erhobenen Hauptes entgegentreten, wenn es so weit ist. Doch viele Menschen sterben ihr Leben lang und verbringen ihre Zeit auf Erden in Angst und Schrecken.

Wenn wir uns bewusst werden, dass alles auf Erden vergänglich ist und immer etwas Altes sterben muss, damit etwas Neues entstehen kann, wir den Sinn darin entdecken, dann wird uns auch klar, warum Jesus sterben musste, bevor er als etwas ganz Neues zurückkommen konnte.

Man muss alte Gewohnheiten loslassen, alte Grenzen überschreiten, um neue Wege zu gehen. Jesus ist unsere Rettung, unsere Zukunft, unser Erneuerer. Was immer wir verändern wollen in unserem Leben oder an uns, er hilft uns dabei, loszulassen, unsere jetzigen Gedanken und Vorstellungen sterben zu lassen, damit etwas Neues auferstehen kann.

Alle **RELIGIONEN SUCHEN ERNSTHAFT** nach dem **RICHTIGEN WEG,** und es ist **ARROGANT,** sie als „**FALSCH**" **ABZUSTEMPELN.**

Der Mensch ist der Anfang der Religion,
der Mensch der Mittelpunkt der Religion,
der Mensch das Ende der Religion.

LUDWIG FEUERBACH (1804–1872), DEUTSCHER PHILOSOPH

Kapitel 12:
Toleranz der Religionen

Meine Unzufriedenheit und die Tatsache, dass ich mich nicht verstanden und geborgen fühlte im Schoß der Kirche, sowie die mangelnden Antworten auf meine unzähligen Fragen führten dazu, dass ich noch andere Möglichkeiten zu suchen begann. Ich war mir sicher, da draußen musste es doch mehr geben – und Antworten auf meine vielen Fragen.

Geboren im Sternzeichen Zwilling bin ich eher der Romantiker als der Mathematiker. Eine gesunde Portion Realität kann bei der Erkundung einer Sache jedoch nicht schaden. Ich war schon früh der Meinung, man sollte Dinge immer von möglichst vielen Seiten beleuchten, um zu einem schlüssigen Konsens zu gelangen. Ich habe mich daher auch nie vor Personen gefürchtet, die Überzeugungen und Angelegenheiten kritisch und mit einer gesunden Portion Skepsis begutachteten. Ganz im Gegenteil.

So schaute ich mir auch genauer an, was die Wissenschaft zu Gott und seiner Mitarbeit an der Entstehung der Welt zu sagen hatte. Wenn man der Urknall-Theorie Glauben schenkt, entstand das Universum aus einem einzigen Staubkorn und dehnte sich dann explosionsartig aus.

Heute glaubt man so viel über die Entstehung des Universums zu wissen – wozu braucht man da überhaupt noch eine religiöse Erklärung?

Ich für meinen Teil brauche sie, denn ich bin mir sicher, dass da mehr ist als das, was wir mit unseren wenigen Sinnen erahnen oder begreifen können. Meiner Meinung nach existiert da etwas Großes, nicht wirklich Fassbares, Wunderbares, ein „Über-Ich", das alles zusammenhält, vielleicht die „große energetische Klammer" – oder eben Gott.

Der Buddhismus ist ja bekanntlich keine Religion, sondern wird als eine Wissenschaft betrachtet. Allerdings eine Wissenschaft, die die Anwesenheit Gottes infrage stellt. Eigentlich fühle ich mich in vielen Dingen dem Buddhismus zugetan, damit habe ich jedoch zugegebenermaßen meine größten Probleme. Denn die Existenz Gottes ist für mich nicht verhandelbar.

Die Existenz Gottes ist für mich nicht verhandelbar.

Die Buddhisten glauben nicht, dass Gott die Welt erschaffen hat. Sie sind der Meinung, dass es das Universum schon immer gab und dass sich alles darin in einem ewigen Kreislauf immer wieder neu erfindet und zusammensetzt. Nichts geht verloren, auch nicht der Geist. Nach Ansicht der Buddhisten ist es so, dass, wenn ein Wesen stirbt, sein Geist weiterlebt. Sie meinen, er verlasse dann seinen Körper und reinkarniere sofort oder später in den Körper eines anderen Wesens, das gerade neu geboren wird.

Buddhisten vertreten die Meinung, dass wir mit dem Verhalten, das wir in diesem Leben an den Tag legen, über unser nächstes Leben entscheiden. Das nennen sie Karma. Der Buddhismus besagt, dass wer im Leben viel Gutes tut, ein ebenso gutes Karma erlangt und so auf ein neues, schönes oder vielleicht sogar schöneres Leben als Mensch hoffen darf. Übt er jedoch böse Taten aus, so wird er im nächsten Leben mit Armut, Krankheit, Katastrophen und Unglück bestraft. Und wer wirklich Schlimmes tut, kann sogar nach dem Glauben der Buddhisten im nächsten Leben als Tier wiedergeboren werden. Der Meinung der Buddhisten nach ist das Leben voller Leid, und nur die Überwindung der Habgier kann uns vom Leid befreien.

Ich habe Freunde aus allen Kulturen der Welt. Mein Interesse an jüdischer Kunst zum Beispiel wurde schon in meiner Kindheit durch meine Großmutter geweckt. Sie hatte viele jüdische Freunde und musste im Krieg miterleben, wie übel ihnen mitgespielt wurde. Durch sie lernte ich auch die mystische Tradition des Judentums, die Kabbala, kennen. Die Kabbala fasziniert mich bis heute. Nach kabbalistischer Ansicht hat Gott alles, was er im Kosmos erschaffen hat, auch am Menschen erschaffen. Demnach ist der Mensch an sich das Universum.

Die Hindus wiederum haben viele Gottheiten. Es gibt verschiedene Hindu-Gruppen, die wiederum die unterschiedlichsten Götter verehren. An eine Sache jedoch glauben sehr viele oder vielleicht sogar alle Hindus gemeinsam: an eine Weltseele. Was ist die Weltseele? Viele Hindus bezeichnen damit das göttliche Prinzip. Andere wiederum sprechen von Ishvara, dem Herrn der Welt, als Weltseele in Person.

Auch Hindus glauben wie die Buddhisten an das Karma und daran, dass jede Tat Folgen hat und wir das Leid, das wir während unseres Daseins auf der Erde vielleicht ertragen müssen, selbst über uns gebracht haben. Und sie sehnen sich deshalb nach einem Ende der ewigen Wiedergeburt. Dieses Ende oder die Hoffnung auf die Befreiung heißt Moksha.

Auch glauben die Hindus, dass drei heilende Wege uns aus dem ewigen Kreislauf der Wiedergeburt herausholen können: der „Weg der Erkenntnis", der „Weg des Handelns" und der „Weg der Gottesliebe". Der Hinduismus betrachtet die Menschheit als göttlich. Weil Brahma, der Hauptgott, alles in allem ist, geht der Hinduismus davon aus, dass jeder von uns göttlich ist.

Auch in anderen Völkern und Hochkulturen glaubte man an viele Gottheiten, so auch die Ägypter. Einer der Pharaonen des alten Ägypten war Echnaton. Dieser verehrte Aton, die Sonnenscheibe (die Sonne wurde auch in vielen anderen Kulturen wie zum Beispiel in Stonehenge angebetet). Er beschloss den Monotheismus, den Glauben an nur einen Gott, und brachte damit das Land am Nil in tiefe Verwirrung. Dieser von oben verordnete Glaube konnte sich allerdings nicht lange halten, bereits kurz nach Echnatons Tod wurden alle Spuren verwischt, und man kehrte wieder zu den alten Göttern zurück.

Alle Religionen suchen sehr ernsthaft nach dem richtigen Weg, und es ist arrogant, sie einfach als „falsch" abzustempeln, nur weil sie nicht dem eigenen Bild von Gott und Glauben entsprechen.

Alle Religionen suchen sehr ernsthaft nach dem richtigen Weg, und es ist arrogant, sie einfach als „falsch" abzustempeln, nur weil sie nicht dem eigenen Bild von Gott und Glauben entsprechen. Viele Religionen haben eines oder mehrere Bücher, die ihnen wichtig sind, und nennen sie ihre Heiligen Schriften. Auch diese erzählen über die Schöpfung, über Gott, über Gottheiten, über das Leben der Menschen, die Geburt, den Tod. Wer entscheidet, welches davon der Wahrheit entspricht? Wer kann denn überhaupt von sich behaupten, dass er wisse, wie Gott ist?

Im Islam sagt man, dass wir Menschen nicht in der Lage seien, uns Gott bildlich vorzustellen, denn wie oder was wir uns auch immer versuchen vorzustellen, es wird nie so sein, wie Gott wirklich ist. Gott ist immer mehr, als wir uns vorstellen. Ich mag diese Idee.

„Du sollst dir kein Bild von Gott machen", besagt das zweite Gebot (2. Mose 20,4). Und trotzdem versuchten Menschen aller Zeiten, sich ein Bild von Gott zu schaffen. Doch dieses Bild kann niemals „richtig" sein, weil wir Menschen gar nicht dazu fähig sind, Gott zu erfassen und in eine für unseren Verstand überschaubare Form zu zwängen.

„Du sollst dir kein Bild von Gott machen", besagt das zweite Gebot (2 Mose 20,4). Denn dieses Bild kann niemals „richtig" sein, weil wir Menschen gar nicht dazu fähig sind, Gott zu erfassen und in eine für unseren Verstand überschaubare Form zu zwängen.

Wir sollten uns vor allem in Toleranz üben. Die Kirchen erzogen ihre Mitglieder jahrhundertelang zur Ablehnung gegenüber anderen Konfessionen. Dass ein Mitglied zu einer anderen Glaubensgemeinschaft entgleiten könnte, war spätestens seit Martin Luther die große Angst der katholischen Kirche. Um das zu verhindern, schreckte sie selbst vor Glaubenskriegen nicht zurück.

Nun wäre aber endgültig und wahrhaftig der Zeitpunkt für ein Miteinander der Religionen erreicht statt ein Gegeneinander. Die Welt ist groß genug, dass verschiedenste Konfessionen nebeneinander in Harmonie und Frieden existieren können. Natürlich ist mir klar, dass dazu alle Beteiligten bereit sein müssen. Wenn allerdings niemand den Anfang macht mit der Toleranz, wird es auch nicht vorwärtsgehen.

Die Welt ist groß genug, dass verschiedenste Konfessionen nebeneinander in Frieden existieren können. Wenn allerdings niemand den Anfang macht mit der Toleranz, wird es auch nicht vorwärtsgehen.

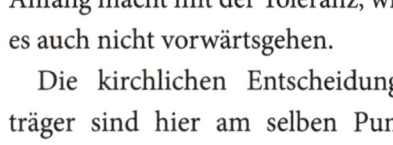

Die kirchlichen Entscheidungsträger sind hier am selben Punkt angelangt wie die weltlichen. Wie unbeholfen und unklug jedoch der große Teil der weltlichen Machthaber agieren, wird uns jeden Tag in den Nachrichten aufs Neue vor Augen gehalten. Die Kirche könnte mit gutem Beispiel vorangehen, um in der Welt Frieden zu schaffen und zu manifestieren, indem sie anderen Religionen mit Achtung und Toleranz begegnet. Es ist 5 nach 12, und der Weltfrieden sollte eines der obersten Ziele der Kirche sein.

Zweifellos ist die **BIBEL** eines der **INTERESSANTESTEN BÜCHER DER WELT,** voller **ÜBER-RASCHUNGEN** und **WEISHEITEN.**

Kapitel 13:
Die Bibel – das Kochbuch des Lebens

as menschliche Leben ist so beschaffen, dass es in vielem auf der Hoffnung basiert, auf dem Glauben, der vorhersehend erahnt, was dem menschlichen Auge verwehrt ist. Unser Glaube ist das Herz der Dinge, welche wir erhoffen: das wahrhaftige Wesen, keine Halluzination. Der Glaube verfügt über eine immense schöpferische Kraft.

Es ist im selben Maße wichtig, dass wir andere dazu bringen, an uns und unsere Fähigkeiten zu glauben, wie dass wir selbst an uns glauben und diese Sicherheit dann auch ausstrahlen. Aber Glauben ist noch weitaus mehr.

Immer wieder lesen wir in der Bibel, dass es der Glaube war, der Männer wie Abraham, Mose oder die Propheten befähigt hat, ihre großartigen Taten zu vollbringen. Kaum etwas wird in der Bibel so oft betont und so hochgeschätzt wie die Fähigkeit des Glaubens. *„Es ist aber der Glaube eine feste Zuversicht* *dessen, was man hofft, und ein Nichtzweifeln an dem, was man nicht sieht"*, steht im Neuen Testament, im Hebräerbrief, Kapitel 11. Dort heißt es weiter: *„Durch den Glauben wurde Henoch entrückt… Durch den Glauben hat Noah Gott geehrt… Durch den Glauben wurde Abraham gehorsam… Durch den Glauben empfing Sarah Kraft… Durch den Glauben wurde Mose verborgen…"*

Auch die Aussage „Dir geschehe, wie du geglaubt hast"[12] findet sich an mehreren Stellen in der Bibel. Unentwegt und unermüdlich wird uns gepredigt, dass der Glaube alles ist. Besonders prägnant zeigt sich das in dem Bild, wie Petrus stark im Glauben und mutig auf dem Wasser geht, um zu Jesus zu gelangen – und just in dem Moment zu sinken beginnt, als ihn sein Glaube verlässt und die Furcht vor den Wellen dessen Platz einnimmt.

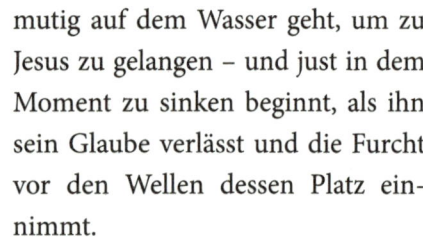

Petrus geht stark im Glauben und mutig auf dem Wasser, um zu Jesus zu gelangen – und beginnt just in dem Moment zu sinken, als ihn sein Glaube verlässt und die Furcht vor den Wellen dessen Platz einnimmt.

Der Glaube ist der unsichtbar gewobene heilige Faden, der uns auf mysteriöse Art und Weise mit Gott und der göttlichen Vorsehung verbindet. Der Glaube öffnet das Göttlichste, das Allmächtige in uns und führt uns zu der niemals versiegenden, allumfassenden Quelle des Lebens, der unendlichen Macht. Wir sind außerstande, diese Kraft des Glaubens zu erklären oder zu deuten, die uns selbst unter widrigsten Umständen aufrecht hält, statt zu verzweifeln und zu verzagen.

Der Glaube ist die tröstliche Hoffnung in Gewissheit, dass etwas existiert, das größer ist, als wir jemals begreifen werden. Er ist das Tor unserer Seele zur allumfassenden Weisheit und Klarheit des Universums. Er ist der Treibstoff des Helden, die

Schwingen des Adlers. Da er stärker ist als alle Hindernisse, verdanken wir ihm den Aufstieg zu wahrer Größe.

Schon der Apostel Paulus verstand diese Dinge ganz genau, denn wie könnte er sonst sagen: „Verändert euch durch Erneuerung eures Geistes!" Wenn wir stark sind im Glauben an Gottes Möglichkeiten und an uns selbst, sind wir in der Lage, über uns hinauszuwachsen, Grenzen zu sprengen und unendlich mehr zu erreichen, als wir für möglich gehalten haben.

Der Glaube ist die tröstliche Hoffnung in Gewissheit, dass etwas existiert, das größer ist, als wir jemals begreifen werden.

Im Glauben erkennen wir unsere göttliche Herkunft und die tröstende Liebe Gottes. Leider sind viele von uns blockiert durch die jahrhundertealte Lehre, der Mensch sei von Natur aus schlecht und verdorben. Ich bin überzeugt davon, dass das Gegenteil der Fall ist – wir sind das Ebenbild und die Geschöpfe, ja die königlichen Kinder Gottes (siehe Galater 3,26: *Denn ihr seid alle durch den Glauben Gottes Kinder in Christus Jesus*). Wie kann etwas, das Gott geschaffen hat, schlecht oder verdorben sein? Der Zweifel an uns selbst blockiert uns und lähmt unsere Kraft.

Es ist vielleicht eines der größten Geheimnisse des Lebens, wie wir durch den Glauben den vollen Strahl der göttlichen Kraft und Weisheit auf uns lenken und erfahren dürfen. Wenn wir es verstehen, uns Gott im Glauben zu nähern, verstärken wir unsere Kräfte immens und werden durch die uns göttlich zufließende Schöpferkraft zu Mitschöpfern der Welt im Sinne Gottes.

In der hohen Schwingung des Gebets, im Glauben und im Angesicht Gottes verblassen Selbstsucht, Neid, Missgunst und andere niedere Gefühle, und wir öffnen unser Herz für unsere göttlichen, positiven Attribute wie Liebe, Mitgefühl, Aufrichtigkeit und Freude. Und je mehr diese negativen, niederen Energien von uns gewichen sind, desto näher fühlen wir uns Gott, und alles, was wir uns wünschen, wird sich erfüllen, weil es auch dem entspricht, was Gott sich wünscht. Jede unredliche, unrechte Handlung entfernt uns von Gott, jede ehrenhafte treibt uns in seine Nähe. Deshalb sollten wir stets bemüht sein, in jedem Moment im Privaten wie Beruflichen vorbildlich zu leben, denn auch das ist eine Art des immerwährenden Gebetes. Nicht ein Leben in Sorge und Armut. Ein Leben in Überfluss, Fülle, Freiheit und Schönheit – das ist unsere göttliche Bestimmung.

Die Bibel ist voller Hinweise darauf, dass wir zu höheren Dingen auserkoren sind, dass Überfluss und nicht Mangel unser Leben prägen soll. Denn Mangel und Armut sind von Menschen geschaffen, sie passen nicht zu dem göttlichen Wesen der Kinder Gottes, und wir sollten uns gegenseitig aus solchen unwürdigen Zuständen helfen und bestärken.

Die göttliche Macht, die uns erschaffen hat, ist so großzügig in ihrem Denken und Handeln, wie wir es uns gar nicht vorstellen können. Gott gibt uns im Überfluss. Wir haben leider verlernt, um Großes zu bitten, da wir denken, es stünde uns nicht zu. Das ist verkehrt. Zu großen Wundern bedarf es großen Denkens, nicht kleingeistigen Krämertums.

Ich bin daher der Überzeugung, dass Glaube noch immer sehr aktuell ist, vielleicht sogar so aktuell wie nie zuvor. Und das gilt auch für die Bibel.

Die Bibel ist ein Buch voller Wunder. Über drei Milliarden Menschen besitzen eine Bibel, kein anderes Buch ist so weit verbreitet. Die Geschichten, die in der Bibel erzählt werden, sind uralt. Über Tausende von Jahren haben Hunderte von Menschen ihre Erkenntnisse und Erlebnisse mit Gott und ihrem Glauben darin niedergeschrieben. Die Bibel ist ein Buch aus Menschenhand; Gott spielt darin die Hauptrolle.

Zweifelsohne ist die Bibel eines der interessantesten Bücher der Welt und voller Überraschungen und Weisheiten. Ob sie in ihrer heutigen Form und Auslegung inhaltlich korrekt und wahr ist oder wie genau und wirklich wir sie nehmen können – diese Fragen eröffnen ein weites Feld.

Zweifelsohne ist die Bibel eines der interessantesten Bücher der Welt und voller Überraschungen und Weisheiten.

Wenn man die Bibel liest – und sie ist nicht einfach zu lesen –, gibt sie einem viele Rätsel auf. Sie ist genauso mysteriös wie ihre Hauptperson, nämlich Gott. Es ist schwer bis unmöglich, die Bibel wirklich zu verstehen, sie ist so vielschichtig und teilweise auch widersprüchlich, die Sprache ist ganz anders als unsere heutige. Sie enthält viele Ratschläge und Anweisungen, welche uns im täglichen Leben hilfreich und nützlich sein können, sowie eine Fülle von Geschichten. Manche von ihnen sind so unglaublich, so fantastisch, dass es einem schwerfällt, ihnen zu folgen, andere wiederum wirken wie ein Tatsachenbericht. Ob die Geschichten der Wahrheit entsprechen oder eher Metaphern sind, darüber streiten sich die Geister. Am Ende jedoch ist es unerheblich, am Ende zählt, was sie einem gibt. Für mich ist es nicht wichtig, ob eine Geschichte sich wirklich zugetragen hat oder ob sie erfunden wurde, wenn sich durch diese Geschichte eine tiefer liegende Wahrheit erschließt.

So manche Überlieferung der Bibel wirkt auf uns heutzutage befremdlich. Gut, so manches Rezept in einem Kochbuch würde ich auch nicht nachkochen, stelle aber deshalb nicht unbedingt das ganze Kochbuch infrage. Wenn Sie nun der Meinung sind, dass man die Bibel nicht mit einem Kochbuch vergleichen könne, möchte ich Ihnen mitteilen, dass ich das bewusst gemacht habe.

Ich bin der Meinung, dass wir die Bibel mit viel zu viel Ehrfurcht betrachten, was sie uns entfremdet. Diese Ehrfurcht entfernt uns da von der Bibel, wo eigentlich doch Nähe gefragt wäre.

Zum Ersten ist für mich die Bibel in der Tat ein Kochbuch mit vielen wunderbaren Rezepten fürs Leben, und zweitens bin ich der Meinung, dass wir die Bibel mit viel zu viel Ehrfurcht betrachten, was am Ende eher kontraproduktiv ist, weil es sie uns entfremdet. Diese Ehrfurcht entfernt uns da von der Bibel, wo eigentlich doch Nähe gefragt wäre.

Wenn man der Bibel Glauben schenkt, hat Gott lediglich sechs Tage zur Erschaffung der Welt gebraucht. Gottes Werk bedarf nur Worte, und diese werden Realität.

Das ist das erste große Geheimnis, das mich schon immer faszinierte: Diese Person, die wir Gott nennen, scheint nur mit Worten zu erschaffen. Später wurde mir klar, dass auch wir mit Worten erschaffen. Und zwar unentwegt. Deshalb ist es so immens wichtig, auf seine Worte zu achten, denn mit unseren Worten erschaffen wir unsere Zukunft, im Guten wie im Schlechten. Auch mit den Worten, mit denen wir von Gott und vom Glauben sprechen.

Am Ende bleibt Gott für uns ein ewiges Rätsel, ein Geheimnis, und das ist ja auch ein Grund, weshalb er uns fasziniert. „Ich werde sein, der ich sein werde", sagt Gott zu Moses am brennenden Dornbusch[13], als Mose ihn fragt, was er den Ägyptern sagen soll, wer Gott sei.

Ich bin daher überzeugt, dass die Kirche aufhören sollte, über Gott zu reden, als wüsste sie ganz genau, wer und wie er ist. Da wäre ein bisschen mehr Ehrfurcht angebracht.

Ich bin überzeugt, dass die Kirche aufhören sollte, über Gott zu reden, als wüsste sie ganz genau, wer und wie er ist. Da wäre ein bisschen mehr Ehrfurcht angebracht.

Ein bisschen mehr Fragen statt vorgefertigter Antworten, ein bisschen mehr Hinhören statt Anpredigen, das wünschen sich viele Suchende. Doch wo gibt es denn eine offene Diskussionskultur statt einer frontalen Beschallung? Welcher Pfarrer ruft seine Gemeindemitglieder öffentlich dazu auf, kritische Fragen zu stellen, sich mit den Lehren anderer Religionen auseinanderzusetzen und sich ein eigenes Bild zu machen?

Die eigentliche Aufgabe der Kirche ist es aus meiner Sicht, Räume und Gelegenheiten zu schaffen, wo Menschen Gott begegnen können, statt ihnen vorzuschreiben, was sie zu glauben haben.

Glauben kann man nicht „machen" oder lehren, schon gar nicht kann man jemanden zwingen zu glauben, er kann immer nur aus der ganz individuellen, persönlichen Begegnung zwischen Menschen und Gott erwachsen. So wie in der Bibel.

Glauben kann man nicht „machen" oder lehren, schon gar nicht kann man jemanden zwingen zu glauben, er kann immer nur aus der ganz individuellen, persönlichen Begegnung zwischen Menschen und Gott erwachsen.

Die **AUFGABE DER KIRCHE** ist es, Menschen zu ihrer **MÜNDIGKEIT** und **WÜRDE** als **GESCHÖPFE GOTTES** zu leiten.

Wenn man Leute verurteilt,
hat man keine Zeit, sie zu lieben.

MUTTER TERESA (1910–1997), ORDENSSCHWESTER UND MISSIONARIN

Kapitel 14:
Ich suchte Gott ... und fand mich

Wir Menschen sind Suchende oder, besser gesagt, Dahinirrende in dieser Welt. Wir suchen Glück, Liebe, Geborgenheit, ein besseres Leben, Verständnis, uns selbst und Gott. Das alles wähnen wir außerhalb von uns. Doch wenn man hinter etwas herrennt, dann läuft es vor einem weg. Man sollte die Dinge auf sich zukommen lassen. Und oft sucht man genau da nicht, wo es am naheliegendsten wäre.

Wenn Gott allmächtig und allgegenwärtig ist, wie kann er dann fern von uns sein? Und wenn er nicht fern ist, wieso sollten wir ihn suchen? Gott ist bei uns, Gott ist in uns – wir sind seine Kinder und damit selbst göttlich. Wir sind Gott! Es ist so simpel: Alles, was wir suchen, haben wir bereits in unserem Herzen. Wir hören aber nicht mehr auf unser Herz und lassen uns ausschließlich von unserem Verstand leiten. „Das Herz hat seine Gründe, die die Vernunft nicht kennt", schrieb der französische Mathematiker und Philosoph Blaise Pascal (1623–1662).

Doch wir misstrauen zumeist aus Angst, uns der Lächerlichkeit preiszugeben, unserem Herzen, und verlassen uns lieber auf die angebliche Erfahrenheit der Vernunft. Dabei wären wir meist viel besser beraten, uns auf unseren gottgegebenen, angeborenen Instinkt und unsere Intuition zu verlassen. Besonders in Gefahrensituationen, wenn der Verstand noch überfordert, überrumpelt und ratlos aus der Wäsche schaut, ist die Intuition längst zur Stelle, und wir reagieren instinktiv-intuitiv exakt richtig aus dem Bauch heraus.

Das große Drama ist, dass uns die meisten Religionen und ihre Vertreter nicht näher zu Gott gebracht haben, sondern uns eher von ihm entfernt und einen Keil zwischen ihn und uns getrieben haben.

In unserem Kulturkreis werden wir dazu erzogen, verstandesorientiert zu leben. Dabei wird oft vergessen, uns in Herzensbildung zu unterrichten. Doch gerade im Herzen sind wir Gott nahe. Das große Drama ist, dass uns die meisten Religionen und einige ihrer Vertreter nicht näher zu Gott gebracht haben, sondern uns eher von ihm entfernt und einen Keil zwischen ihn und uns getrieben haben. Wie der zuvor schon erwähnte Echnaton, der erklärte, nur über ihn könne man Gott anrufen, so haben auch die Kirchen, allen voran die katholische Kirche, den Menschen den Eindruck vermittelt, sie dürften sich nicht selbst und direkt mit Gott befassen und müssten alles, was in der Bibel steht, bedingungslos wortwörtlich nehmen. Nur das, was die Kirchenoberhäupter und Priester sagten, sei die einzige Wahrheit über Gott. Wohin das geführt hat, wissen wir ja alle – Ablasshandel, Hexenverbrennungen und Religionskriege.

Heute leben wir zwar in einer etwas toleranteren Gesellschaft, doch in den Köpfen vieler Menschen ist es immer noch so, dass das, was der Pfarrer sagt, unanfechtbar ist. Und das wird von der Kirche auch nach außen gern so manifestiert.

Eine Kirche von heute, die anziehend sein möchte, sollte ihre Gläubigen aus meiner Sicht vor allem zur Mündigkeit anleiten. Die Lehre, dass eine bestimmte Konfession die allein selig machende Variante sei, ist meiner Ansicht nach nicht mehr vertretbar oder kommunizierbar.

> *Eine Kirche, die anziehend sein möchte, sollte ihre Gläubigen aus meiner Sicht vor allem zur Mündigkeit anleiten.*

Die Menschheit hat sich weiterentwickelt, und moderne Menschen möchten sich selbst von Dingen überzeugen und ihre Wahl treffen. Sie suchen nach Bedarf nach unterschiedlichen Optionen, und es gibt verschiedenste Angebote und Möglichkeiten, sein Glück zu finden. Manch einer findet im Buddhismus Lösungen und Ansätze, die ihm in den christlichen Kirchen fehlen. Punkt. Allein die Tatsache, dass der Buddhismus empfiehlt und nicht vorschreibt, macht ihn für viele Menschen einfacher zugänglich.

Einige Gläubige, und dazu zähle ich auch mich selbst, klicken sich gerne aus verschiedenen Angeboten den perfekten Cocktail fürs Leben heraus. Und dennoch hätte ich die evangelische Kirche nie verlassen, hätte ich das Gefühl gehabt, von ihr verstanden und akzeptiert zu werden. Dieses Gefühl gab mir der Buddhismus viel eher; allerdings stört mich im Buddhismus die Verleugnung von Gott.

Das kann einem als Kirchenfunktionär oder Pfarrer missfallen oder nicht. Fakt ist aber: Negiert man die

> *Negiert man die Bedürfnisse und Ansprüche der Menschen, muss man damit rechnen, sie unter Umständen komplett zu verlieren.*

Bedürfnisse und Ansprüche der Menschen, muss man damit rechnen, sie unter Umständen komplett zu verlieren.

Wenn ich einem Geistlichen gegenüber erwähne, dass ich mich auch mit dem Buddhismus und der Esoterik befasse, bekomme ich oft starke Ablehnung zu spüren. Doch diese Ablehnung und Angst vor anderen Denkweisen ist aus meiner Sicht unbegründet.

Ich bin ein wissbegieriger Mensch, zudem immer offen Neuem gegenüber. Die großen Lebensfragen, woher wir kommen und wohin wir gehen, interessierten mich schon immer brennend, und ich forsche ihnen somit tatkräftig nach. Dabei stoße ich oft auf Dinge, die von anderen rasch als Humbug oder esoterisches Gerede abgetan werden. Ich finde solche Ansätze aber interessant und lasse mich gern auch mal auf Dinge ein, die zunächst vielleicht etwas abseitig erscheinen.

So traf ich zum Beispiel vor einigen Jahren eine Dame, die mir anbot, im morphischen Feld zu lesen. Ich gebe zu, bis dato hatte ich keine Ahnung, was das sein sollte. Doch ich ließ mich darauf ein und erfuhr hochinteressante Dinge über mich selbst.

Das morphische Feld, auch morphogenetisches Feld genannt, bezeichnet eine Art Energiefeld, das alles und sämtliches Bewusstsein miteinander verbindet. Die Idee geht dahin, dass um uns herum ein Kraftfeld existiert, welches in Form von Energie sämtliche Informationen über alles speichert, was existiert, und diese jederzeit und an jeden Ort verfügbar macht. So gesehen braucht es im Grunde genommen lediglich einen Sender oder Empfänger, der auf die Frequenz dieses Feldes eingestellt ist, um Informationen abrufen oder übermitteln zu können. Ein bisschen wie das Empfangen und Senden von Radiofrequenzen.

Hört sich sehr utopisch an, aber ich stellte während der Sitzungen fest, dass ich eine gewisse Hellsichtigkeit besaß, welche aber verkümmert oder verschüttet war. Ich bekam dadurch noch mehr eine Ahnung, wie es sich anfühlt, wenn wir Menschen mehr auf geistiger Ebene miteinander kommunizieren. Auch brachte mich diese Erfahrung näher zu Gott, zu Jesus und zu den Menschen. Es war für mich eine Art Beweis, dass wir alle miteinander verwoben sind und im Grunde genommen alles, was wir im Leben tun und denken, alles und jeden um uns herum auf die eine oder andere Art beeinflusst, im Positiven oder Negativen.

Menschen, die ein bisschen mehr wahrnehmen als das, was man als die Wirklichkeit bezeichnet, waren schon immer in der Geschichte eher unbeliebt. Besonders die Kirche hat sich hier in der Vergangenheit schuldig gemacht, indem sie Menschen, die nicht in ihr Schema passten oder aus der Reihe tanzten, unterdrückte, ihnen mit der Hölle drohte oder nicht einmal davor zurückschreckte, sie als Ketzer oder Hexen zu bezeichnen und auf dem Scheiterhaufen zu verbrennen.

Menschen, die ein bisschen mehr wahrnehmen als das, was man als die Wirklichkeit bezeichnet, waren schon immer eher unbeliebt. Besonders die Kirche hat sich hier in der Vergangenheit schuldig gemacht.

Die Inquisition ist in meinen Augen eines der abscheulichsten Verbrechen an der Menschheit, da sie von einer Institution ausging, welche angeblich im Namen Gottes handelte und deren Oberhaupt sich sogar als Stellvertreter Christi auf Erden betrachtete. Wenn man sich überlegt, dass unser Geist und somit auch unsere Sensibilität für Dinge, die jenseits unseres Verstandes liegen, göttlichen Ursprungs sind, ist es unerhört, dass man Menschen für diese verhöhnt, verurteilt und getötet hat.

Zum Glück leben wir heute in einer anderen Zeit, und man tötet Andersdenkende nicht mehr. Mit Verurteilungen, Ablehnung und Spott ist man aber auch heute noch schnell dabei. Auch herrscht oft Angst vor der Auseinandersetzung mit anderen spirituellen Wegen. Aber warum ist das eigentlich so?

Positiv gesehen ist die Beschäftigung mit anderem Gedankengut und experimentellen Dingen doch auch aus der Sicht der Kirche ein gutes Zeichen! Bedeutet sie doch, dass da ein Mensch auf der Suche ist, der Wahrheit über sich und die Welt näherkommen will.

Statt also Menschen zu verurteilen, die sich auf ihrer persönlichen Suche nach Gott auch mal über den Rahmen dessen hinausbewegen, was in kirchlichen Strukturen gutgeheißen wird, sollte man sich vielleicht lieber fragen, was man falsch gemacht hat, dass diese Menschen das Gesuchte in der Kirche nicht finden konnten!

Statt Menschen zu verurteilen, die sich auf ihrer Suche nach Gott auch mal über den Rand hinausbewegen, sollte man sich vielleicht lieber fragen, was man falsch gemacht hat, dass diese das Gesuchte in der Kirche nicht finden konnten!

Thomas Penzel, ein unabhängiger Theologe, hält Trauungen und Beerdigungen für Menschen, die sich als spirituell betrachten, aber nicht (mehr) zu einer Kirche gehören. Er besucht mit einem Team auch Esoterikmessen und bietet dort einfach Gebet für Kranke an. Er missioniert nicht und predigt die Leute nicht an, es gibt auch keine Erwartungen, die sie erfüllen müssen. Nur das Angebot für Gebet, das auch gern angenommen wird – denn die wenigsten Menschen, die der Esoterik zugetan sind, haben ein Problem mit Gott oder Angst vor dem christlichen Glauben. Es wäre sicher hilfreich, wenn solche niedrigschwelligen Angebote Schule machen würden.[14]

Das ganze Leben ist Veränderung, auch unser Körper verändert sich jede Sekunde. Ich liebe Veränderungen, sowohl an mir als auch in meinem Umfeld, doch vielen Menschen machen Veränderungen Angst. Und oftmals geben uns gerade die Menschen, von denen wir es erhoffen, nicht den gewünschten Halt.

Ich weiß, wovon ich spreche, da ich selbst eine sehr unschöne Kindheit hatte, mit Eltern, die hilflos durch Leben taumelten wie eine Nussschale in einem stürmischen Meer. Sie waren außerstande, mir Halt und Stütze zu bieten. Vielmehr musste ich selbst darauf achten, nicht von ihnen in den Strudel gerissen zu werden, der mich in die Tiefe zieht.

So kam der Tag, an dem ich mich sowohl von meinen Eltern als auch von deren Paradigmen und Ansichten sowie von dem Trauma meiner Kindheit lösen musste. Meine Mutter verstarb, als ich 13 Jahre alt war, nach der letzten in einer langen Reihe von Attacken meines Vaters. Es war das schreckliche Finale einer langen Kette von Gewalt und Terror. Ich suchte in meiner Verzweiflung Hilfe, um meine Erlebnisse und Traumata zu verarbeiten, und dazu war jedes Mittel recht. Ich habe gelernt, die Vergangenheit loszulassen und meine eigenen Lehrsätze

Unsere Wertvorstellungen stammen vorwiegend aus zweiter Hand – von unseren Eltern, die sie wiederum von ihren Eltern und den Großeltern übernommen hatten. Das macht sie aber noch nicht automatisch richtig.

und meinen eigenen Weg zu mir selbst und zum Glauben zu finden.

Wir sollten nicht vergessen, dass unsere Erfahrung und Wertvorstellungen vorwiegend aus zweiter Hand stammen. Unsere Eltern lebten uns mit bestem Wissen und Gewissen ihre Glaubenssätze und Paradigmen vor, welche sie wiederum von ihren Eltern und den Großeltern übernommen hatten. Das macht sie aber noch nicht automatisch richtig.

Was für Menschen wir letztendlich werden, was für ein Leben wir führen, unsere Werte und Glaubenssätze, die wir haben oder nicht haben, und sämtliche Vorstellungen, die für uns relevant sind, hängen zu einem großen Teil davon ab, in welche Familie und in welche Umstände wir hineingeboren wurden. Bevor also wir in der Lage sind, der Welt unseren Stempel aufzudrücken, hat diese uns geformt. Man vermittelt uns ein konstruiertes Weltbild als Realität, das wir zunächst als einzig wahre Wirklichkeit wahrnehmen und annehmen.

Diese Paradigmen verbinden uns einerseits mit vielen Menschen, andererseits wirken sie störend und distanzieren uns gegenüber anderen Gruppen oder Menschen aus anderen Gesellschaftsschichten. Wir identifizieren uns aber in einem solchen Ausmaß mit dieser sogenannten Realität, dass einige Menschen sogar aus Gründen des Glaubens bereit sind, ihr Leben zu opfern. Jeder denkt, er sei im Recht, und verkehrt sind immer die anderen.

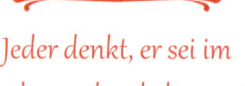

Jeder denkt, er sei im Recht, und verkehrt sind immer die anderen.

Die Tragik der Geschichte ist, dass wir unsere Weltsicht als die einzig wahre betrachten und anderen Menschen mit anderen Werten, Vorstellungen, Anschauungen negativ entgegentreten und sie unter Umständen der Lüge bezichtigen. Wir ärgern uns über die vermeintliche Unwahrheit, welche andere Menschen verbreiten, und vergessen dabei vollends, dass es in Wirklichkeit nicht nur eine Wahrheit, sondern viele verschiedene Wahrheiten gibt.

Doch irgendwann kommt der Tag, an dem wir Inventur machen und überprüfen sollten, ob sich diese anerzogenen Paradigmen und Ansichten denn eigentlich mit unseren eigenen decken oder eben nicht. Auch unsere Gewohnheiten sollten wir überprüfen und gegebenenfalls durch andere, uns dienlichere ersetzen. Wir schleppen mehr Altlasten mit uns herum, als wir denken. Und auch unsere übernommenen Glaubensvorstellungen müssen wir auf den Prüfstand stellen und schauen, ob sie wirklich unsere eigenen sind und sich mit unseren eigenen Erfahrungen mit Gott decken.

Unsere übernommenen Glaubensvorstellungen müssen wir auf den Prüfstand stellen und schauen, ob sie wirklich unsere eigenen sind. Diesen Prozess nennt man Erwachsenwerden oder auch Mündigkeit.

Diesen Prozess nennt man Erwachsenwerden oder auch Mündigkeit.

Die Aufgabe der Kirche ist es meiner Ansicht nach nicht, alternative Wege und Glaubensformen als falsch zu brandmarken und zu verbieten. Wir leben in einer Zeit der Aufklärung. Menschen sind selbstbewusst und selbstbestimmt, und die alten Krusten brechen mehr und mehr auf. Die Menschen lassen sich nicht mehr versklaven, domestizieren und dominieren und fordern ihr Geburtsrecht der Freiheit für ein Leben in Liebe und Freude ein. Richtig so! Wir brauchen niemand, der uns regiert und uns vorschreibt, was wir zu tun und zu lassen haben.

Die große Kraft und Verantwortung der Kirche liegt darin, im großen Wust der Möglichkeiten und Wege den Menschen mit ihrem einmaligen Angebot Halt und Orientierung zu geben. Ob ein Weg ein Irrweg ist, spürt der betreffende Mensch meist nach einer Weile selbst – wenn er die innere Erlaubnis bekommen hat, auf seine Seele zu hören.

Die Aufgabe der Kirche ist es, Menschen dabei zu helfen, ihren ganz eigenen Weg zu Gott zu finden und zu ihrer Mündigkeit und Würde als geliebte Geschöpfe Gottes zu finden.

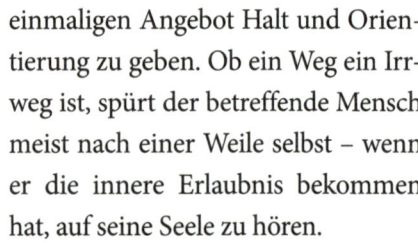

Die Aufgabe der Kirche ist es, Menschen dabei zu helfen, ihren ganz eigenen Weg zu Gott zu finden und zu ihrer Mündigkeit und Würde als geliebte Geschöpfe Gottes zu finden.

Stattdessen teilt sie uns noch immer unermüdlich mit, dass wir sie brauchen, um zu wissen, was wir tun und lassen sollten. Aber das stimmt aus meiner Sicht nicht. Was wir brauchen, ist nicht Einmischung und Bevormundung, sondern Anleitung, um den Weg zum Glauben zu finden. Und ihn dann auch beständig zu gehen, denn nur in der Beständigkeit liegt der Erfolg.

Glauben bedeutet nicht, dass man einmal kurz ein Gebet zum Himmel sendet, wenn es einem schlecht geht und man Hilfe braucht, sondern dass man täglich und unentwegt ein Leben mit Gott, mit Jesus führt.

Alles Wertvolle, was wir im Leben erreichen, muss erlernt werden. Und das meiste haben wir nicht von heute auf morgen gelernt, sondern durch immerwährende Übung. Und so muss auch das Einüben des Glaubens, die Nähe zu Gott, ein fester Bestandteil in unserem Leben werden. Ich rede nicht davon, dass man einmal kurz ein Gebet zum Himmel sendet, wenn es einem schlecht geht und man Hilfe braucht, sondern dass man täglich und unentwegt ein Leben mit Gott, ein Leben mit Jesus im Glauben führt.

Und dazu brauchen wir die Kirche, den Pfarrer, oder, wie ich es an dieser Stelle einmal nennen möchte, um ein bisschen frischen Wind in unsere Vorstellungen zu bringen: einen Coach.

Für alles im Leben holt man sich heutzutage einen Coach, also frage ich Sie: Wieso nicht auch in einer so essenziellen Sache wie dem Glauben und der Suche nach sich selbst?

Viele Menschen brauchen diesen Coach zunächst einmal, um zum Glauben und zu Gott zu finden. Und wenn man ihn gefunden hat, dann beginnt ja erst der niemals endende Weg in unser Inneres und zu Gott. Und je näher wir Gott und uns selbst kommen, desto mehr Erkenntnisse offenbaren sich, und mindestens genauso viele Fragen und vielleicht Zweifel tun sich in uns auf.

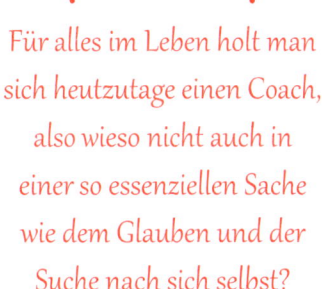

Für alles im Leben holt man sich heutzutage einen Coach, also wieso nicht auch in einer so essenziellen Sache wie dem Glauben und der Suche nach sich selbst?

Gerade ein Mensch, der den Weg des Glaubens ernsthaft geht, braucht daher begleitende Seelsorge oder Coaching mehr als je zuvor. Denn er sucht Antworten auf seine Fragen im Dialog, und wer könnte ihm darin ein besseres Gegenüber sein als eine Institution, welche sich seit Jahrtausenden mit diesem Thema beschäftigt?

VERANTWORTUNG
zu übernehmen ist
eines der **GRÖßTEN
GESCHENKE,**
die wir erhalten
können.

Die wenigsten Menschen verstehen sich darauf,
Ursachen zu beeinflussen.
Die meisten vergeuden ihre Zeit mit dem
aussichtslosen Versuch, Wirkungen zu verändern.

PETER HOHL (*1941), DEUTSCHER JOURNALIST UND VERLEGER[15]

Kapitel 15:
Verändere dich und dann die Welt!

Auch wenn die Kirche mich in vielem vielleicht im Stich gelassen oder enttäuscht hat – die Verantwortung für mein Leben und für das, was ich gern anders haben möchte, liegt immer noch bei mir!

Durch unser Leben, unser Dasein verändern wir die Welt, mit jedem Atemzug, im Guten wie im Schlechten. Keine unserer Handlungen bleibt ohne Folgen. Deshalb sollten wir als gute Christen verantwortungsvoll und achtsam leben.

Verantwortung zu übernehmen für sich, seine Umwelt, die Mitmenschen und sein Leben ist eine großartige Sache. Momentan leben wir in einer Zeit, in der anscheinend niemand mehr Verantwortung für irgendetwas übernehmen möchte, das beginnt bei Politikern und endet im täglichen Leben. Viele Menschen betrachten es als anstrengend, schwierig, als eine Zumutung,

167

Verantwortung zu tragen. Dabei ist es eines der größten Geschenke, die wir erhalten können.

Momentan leben wir in einer Zeit, in der anscheinend niemand mehr Verantwortung für irgendetwas übernehmen möchte. Dabei ist es eines der größten Geschenke, die wir erhalten können.

Niemand hat uns versprochen, dass es einfach sei. Nichts, was guttut im Leben, ist leicht und der Weg zum Glauben und ein Leben im Glauben schon gar nicht. Ganz im Gegenteil, er bedarf großer Disziplin und Selbstbeherrschung. Wenn man sich mit seinem tiefsten Inneren beschäftigt, muss man auch damit rechnen, dass Dinge, Facetten und Erkenntnisse über einen selbst zutage treten, die nicht unbedingt angenehm sind. Man begegnet unter Umständen seinen inneren Teufeln und Unzulänglichkeiten. Aber das ist gut so, denn erst wenn wir sie erkennen, können wir sie hinter uns lassen.

Unser Leben, so wie wir es wahrnehmen, ist oftmals eine große Täuschung, und wenn wir uns mit Gottes Hilfe auf den Weg begeben wollen, die Wahrheit zu erkennen und zu erkunden, dann geht das nur, indem wir aus der Opferrolle herausfinden, Verantwortung übernehmen und achtsam werden. In der Unwissenheit und Unachtsamkeit reagieren wir impulsiv und emotional und sind nicht in der Lage, unsere Gefühle objektiv zu beobachten. Nehmen wir einmal an, wir haben körperliche Schmerzen und nehmen diese nicht objektiv, sondern emotional wahr. Wenn wir uns nun auch auf geistiger Ebene in den Schmerz begeben, lamentieren und uns beschweren, dann verstärken und multiplizieren wir ihn nur. Indem wir uns selbst bemitleiden und beklagen, machen wir alles nur noch schlimmer.

Indem wir Verantwortung übernehmen, stärken wir unser Selbstbewusstsein und Selbstwertgefühl. In diesem Moment fühlen wir uns stark, nicht hilflos, wir sind die Schöpfer, die Regisseure unseres Lebens, nicht Opfer des Lebens. Indem wir Verantwortung übernehmen für unser Leben, die Umwelt, Tiere und Menschen um uns herum, geben wir uns in unseren natürlichen göttlichen Flow. Wir alle sind Kinder Gottes, und indem wir uns unserer angeborenen Verantwortung stellen, empfinden wir Dankbarkeit, die uns entgegenströmt, und ein Wohlgefühl der Zufriedenheit über das Erreichte. Und plötzlich begegnen uns wunderbare Dinge und Menschen wie im Märchen.

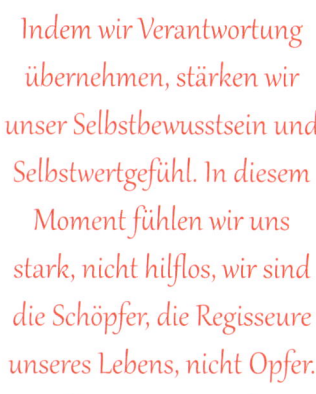

Indem wir Verantwortung übernehmen, stärken wir unser Selbstbewusstsein und Selbstwertgefühl. In diesem Moment fühlen wir uns stark, nicht hilflos, wir sind die Schöpfer, die Regisseure unseres Lebens, nicht Opfer.

Sie können sich bestimmt noch daran erinnern, wie Ihnen als Kind von Ihrer Mutter oder Großmutter aus Märchenbüchern vorgelesen wurde. Wie haben wir es geliebt, wenn sie sich neben uns gekuschelt und uns in die Welt von Aschenputtel, Dornröschen oder Schneewittchen entführt hat! Immer waren diese Prinzessinnen wunderschön, lebten jedoch meist sehr unglücklich, weil die böse Stiefmutter ihnen das Leben zur Hölle machte. Aber dann wurden sie von einem Prinzen gerettet und lebten mit diesem glücklich bis an ihr Lebensende.

All diese Geschichten sind Märchen, also frei erfunden, und dennoch bleiben sie ein Leben lang in den Köpfen der Menschen.

Nicht zu Unrecht. Denn sie möchten alle leben wie eine Prinzessin, aussehen wie eine solche und das Happy End erleben, das auch Aschenputtel, Schneewittchen oder Dornröschen zuteilwurde.

So wie wir uns als Kind entscheiden, welches Märchen wir am meisten lieben, haben wir auch im Unterbewusstsein entschieden, welches Märchen wir leben. Sie sind der Regisseur Ihres Lebens! Sie schreiben das Drehbuch, und Sie entscheiden, ob es ein Happy End gibt oder nicht. Darauf zu warten, dass jemand Ihnen alles so macht, wie Sie es gern möchten, bringt nichts. Erwachen Sie aus Ihrem Dornröschenschlaf!

Im Märchen wie im Leben gibt es Gerechtigkeit und Ungerechtigkeit, die Guten und die Bösen, die Armen und die Reichen. Soziale Ungerechtigkeit passiert nicht einfach so. „Wie kann Gott das zulassen, dass manche Menschen arm sind und die anderen so reich?", ist eine Frage, die sich manch einer stellt.

Aber es ist nicht richtig, diese Verantwortung an Gott abzuwälzen – nicht Gott lässt es zu, sondern wir selbst sind es, die soziale Ungerechtigkeit verursachen und die auch etwas dagegen unternehmen können.

Es ist nicht richtig, diese Verantwortung an Gott abzuwälzen – nicht Gott lässt es zu, sondern wir selbst sind es, die soziale Ungerechtigkeit verursachen und die auch etwas dagegen unternehmen können.

In der heutigen Zeit möchte keiner mehr dienen. Selbst in sogenannten Dienstleistungsberufen findet man kaum noch Menschen, die bereit sind, anderen Menschen wirklich zu dienen. Dienen wird gleichgestellt mit Sklaverei und Unterwürfigkeit, dabei ist Dienen etwas Edles.

Wenn wir anderen Menschen dienen, machen wir uns dabei nicht etwa kleiner, sondern größer. Im Leben geht es genau darum: um das Dienen. Wir sind nicht nur hier, um über uns selbst nachzudenken, sondern auch zu einem weitaus höheren Zweck: zum Wohle anderer.

Die Goldene Regel besagt: „Was du nicht willst, dass man dir tu, das füg auch keinem anderen zu!" Wussten Sie, dass das im Grunde aus der Bibel stammt? *Und wie ihr wollt, dass euch die Leute tun sollen, so tut ihnen auch!*" (Lukas 6,31). Darin steckt sehr viel Weisheit, denn jede Handlung, die wir tätigen, zieht entsprechende Konsequenzen nach sich. Mein Geheimrezept ist daher: „Willst du reich werden, dann investiere in andere Menschen, fordere nicht ein, sondern gib."

Wenn wir anderen Menschen dienen, machen wir uns dabei nicht etwa kleiner, sondern größer.

Wenn wir endlich anfangen, nicht immer nur unseren eigenen Vorteil und unser eigenes Wohl im Auge zu behalten, sondern vielmehr das Wohl der Gemeinschaft, verbessern wir damit sowohl unsere eigene als auch die Energie des Kosmos und der anderen. Sobald uns klar wird, dass jede unserer Handlungen früher oder später Konsequenzen mit sich bringt, sollten wir als vernünftige, kluge Menschen beginnen, Verantwortung zu übernehmen.

Franz von Assisi sagte einmal: „Denke daran: Wenn du diese Erde verlässt, kannst du nichts mitnehmen als das, was du gegeben hast."

Das betrifft uns alle, jeden Einzelnen; hören Sie deshalb auf, nur auf den unfähigen Pfarrer oder die verholzten Gemeinderäte zu schimpfen. Werden Sie selbst aktiv!

„Die Kirche" ist nicht nur eine Institution, die von „denen da oben" gelenkt und gebildet wird. Die Kirche, Ihre Kirche, ist nicht nur der Pfarrer und der Gemeindevorstand. Sie ist vor allem die Gemeinschaft der Gläubigen auf Erden. Und diese Gemeinschaft besteht aus einzelnen Personen – auch Sie sind ein Teil davon –, die gemeinsam Gutes bewirken können… wenn sie diese Verantwortung annehmen. Die Kirche sind auch Sie.

„Die Kirche" ist nicht nur eine Institution, die von „denen da oben" gelenkt und gebildet wird. Sie ist vor allem die Gemeinschaft der Gläubigen auf Erden – auch Sie sind ein Teil davon. Die Kirche sind auch Sie.

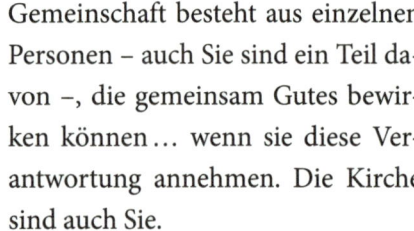

Der Pfarrer ist nicht an allem schuld, was schiefläuft. Ganz im Gegenteil, es gibt viele ganz wunderbare Pfarrer, die wirklich ihr Menschenmöglichstes tun, um ihren Gemeindemitgliedern zu helfen und beizustehen, schwierige Situationen zu verbessern und Liebe und Annahme in ihrer Umgebung zu verbreiten. Aber auch der beste und engagierteste Gemeindehirte kann nicht im Alleingang alles bewerkstelligen, was wünschenswert wäre.

Es war schon immer die Aufgabe und auch die größte Errungenschaft der Kirche, Menschen in den verschiedensten Lebensbereichen zu dienen. Viele der heute noch funktionierenden sozialen Werke und Hilfsorganisationen sind innerhalb der Kirche, aus der Kirche heraus entstanden, aber auch viele Einzelpersonen haben aus genau dieser Motivation heraus Großes für andere Menschen bewirkt.

Es war schon immer die Aufgabe und auch die größte Errungenschaft der Kirche, Menschen in den verschiedensten Lebensbereichen zu dienen.

Wir sagen oft so lapidar dahin: „Ein einzelner Mensch allein kann die Welt nicht retten!" Jesus hat uns gezeigt, dass dies sehr wohl möglich ist. Viele andere folgten ihm und veränderten die Welt auf ihre Art und Weise, wie zum Beispiel Mutter Teresa oder Martin Luther King. Warum also nicht ich, warum nicht du? Jeder ist in der Lage, die Welt zu verändern, wir tun dies sowieso ständig, passiv oder aktiv. Nichts, was wir in diesem Leben auf dieser Erde tun oder nicht tun, bleibt unbemerkt und ohne Folgen.

Wir alle, jeder von uns ist ein absolut einmaliges Geschöpf Gottes, ein Unikat, und jeder von uns ist notwendig als Baumeister, um diese unsere Welt mitzugestalten. Denn so wie wir in unserem Wesen und Aussehen einmalig sind, so sind wir dies auch in unseren Taten. Keiner kann so leben und so geben, so sprechen oder handeln wie Sie oder ich, und keiner kann Dinge so tun wie Sie oder ich. Somit ist, wenn Sie jemandem einen Dienst erweisen, auch dieser Dienst einmalig, denn niemand anders wird dies auf Ihre Art und Weise tun können. Sie sind ein unverzichtbarer Bestandteil der Welt und auch Ihrer Gemeinde – bringen Sie sich ein! Bewirken Sie etwas! Sie werden sehen, Sie bekommen es tausendfach zurück!

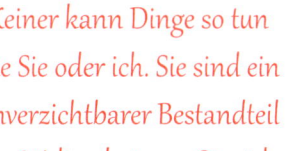

Keiner kann Dinge so tun wie Sie oder ich. Sie sind ein unverzichtbarer Bestandteil der Welt – bringen Sie sich ein! Bewirken Sie etwas! Sie werden sehen, Sie bekommen es tausendfach zurück!

Wir sollten wieder lernen, **GOTTES GESCHENKE DANKEND** und **OHNE REUE ANZUNEHMEN.**

Gott hat die Armut nicht erschaffen. Er erschuf nur uns.

MUTTER TERESA (1910–1997), ORDENSSCHWESTER UND MISSIONARIN

Kapitel 16:
Der Reichtum Gottes – oder: Würde Jesus rote Schuhe von Prada tragen?

Die Kirche krankt meiner Meinung nach auch daran, dass sie nicht auf interessante Weise über Gott spricht. Dabei gibt es doch so viele Aspekte an diesem unfassbar spannenden Wesen, über die man einmal eine Predigt halten könnte, die etwas aus dem Rahmen fällt! Die etwas mit dem täglichen Leben zu tun hat oder Gedanken anregt, die man sich vielleicht noch nie gemacht hat.

Man könnte zum Beispiel einmal in einer Predigt oder einem Diskussionsabend die Frage stellen: „Würde Jesus rote Schuhe von Prada tragen?"

Was zunächst ein bisschen weit hergeholt klingt, ist eigentlich eine wirklich interessante Frage: Wenn Jesus heute auf die Welt käme, wie würde er sich wohl kleiden? Modern, aber unauffällig? Im jüdischen Leinengewand mit Sandalen? Oder würde er uns auch hier vielleicht überraschen und es ganz anders machen, als wir erwarten? Würde er – wie der Papst – rote Schuhe von Prada tragen?

Seit dem 15. Jahrhundert tragen Päpste die rötlichen Schuhe. Die rote Farbe, heißt es, soll an die Kreuzigung und das Blut Christi erinnern. Papst Benedikt hat tatsächlich rote Schuhe der Luxusmarke Prada getragen, der neue Papst Franziskus dagegen trägt schwarze statt rote Schuhe, weil er sich nicht in den Mittelpunkt stellen möchte. „Christus ist das Zentrum der Kirche, nicht der Nachfolger Petri", sagt er. Damit stünden die roten Schuhe Jesus also zu – oder würde er das ganz anders sehen? Was würde Jesus überhaupt vom Papst halten, was würde er ihm wohl sagen?

Wenn Jesus heute auf die Welt käme, wie würde er sich wohl kleiden? Modern, aber unauffällig? Oder würde er uns auch hier vielleicht überraschen und es ganz anders machen, als wir erwarten?

Insbesondere die katholische Kirche zelebriert und präsentiert ihren Luxus und Reichtum ja seit vielen Jahrhunderten offensichtlich. Die Kirchen erstrahlen in barockem Glanz, die Paläste der Fürstbischöfe, Bischöfe und Kardinäle übertrafen zeitweise den Luxus und die Prachtentfaltung jedes weltlichen Herrschers. Wenn ein Tebartz-van Elst Schlagzeilen wegen seines pompösen, prunkvollen Lifestyles in der Diözese Limburg gemacht hat, dann ist dies nur die Spitze des Eisbergs.

Ich denke, in unserem tiefsten Inneren ist uns schon lange klar, dass die Bischöfe und Kardinäle nicht in Armut, sondern im größten Reichtum leben. Von daher war die Sache mit Tebartz-van Elst nicht überraschend. Schockierend allein waren das Ausmaß und die Tatsache, dass all das hinter dem Rücken der Menschen ausgelebt wurde. Dieses Versteckte und

Verlogene, dieses Vortäuschen falscher Tatsachen ist es letztendlich, was die Menschen in Rage bringt. Nicht zuletzt aufgeheizt durch die Medien, für die ein solcher Skandal natürlich ein gefundenes Fressen ist.

Dabei ist eine derartige Prachtentfaltung der katholischen Bischöfe und Kirchenfürsten gerade am Rhein nichts Neues. Bereits im 18. Jahrhundert führte Clemens Wenzeslaus von Sachsen ein überaus prunkvolles Leben als Erzbischof und Kurfürst von Trier. Er war das 14. Kind und der siebte Sohn von Friedrich August II., Kurfürst von Sachsen und König von Polen, und der österreichischen Erzherzogin Maria Josepha und somit der Enkel Augusts des Starken. Er lebte wohl für seine Person recht bescheiden und anspruchslos, seine weltliche Hofhaltung jedoch war im höchsten Maße herrschaftlich. Über 500 Personen waren zeitweise für ihn tätig.

Die Fürstbischöfe, Bischöfe und Kardinäle, aber auch der Vatikan prägten seit Jahrhunderten Lifestyle, Mode und Architektur der führenden Gesellschaft. Ohne die Kirche und deren Mäzenatentum und Unterstützung der Künstler gäbe es viele bedeutende Kunstwerke nicht. Allein der Vatikan ist ein Zeugnis der Wunderwerke vergangener Zeiten, eine Schatztruhe von unersetzlichem historischem und künstlerischem Wert. Man findet dort die Werke der großen Künstler des Barocks wie Bramante, Michelangelo und Bernini. Der gesamte Papst-Palast umfasst einen Komplex mit über 1400 Zimmern und 55 000 Quadratmeter Grundfläche mit rund 20 Höfen.

Die Sixtinische Kapelle mit ihrem flachen Tonnengewölbe überdeckt 40,90 Meter Länge, 30,40 Meter Breite und 20,70 Meter Höhe. Der Weg durch die Vatikanischen Museen ist sogar sieben Kilometer lang. Pracht, Schönheit und Luxus, wohin das Auge blickt.

Was würde also Jesus zu diesem Luxus sagen? Würde er ihn tolerieren, gutheißen oder verurteilen? Warum nicht einmal solche Fragen in einem Gottesdienst thematisieren? Und schon ist man mittendrin in einer lebendigen, zeitgemäßen Diskussion, bei der sicher niemand von den Zuhörern in Kirchenschlaf versinken würde. Leider führt die Kirche solche Gespräche nicht, sie weicht ihnen aus.

Die Frage, wie Gott zu Luxus steht, finde ich generell sehr interessant. Viele Menschen haben die größten Schwierigkeiten damit, auch mal im Luxus zu schwelgen und etwas hemmungslos zu genießen. Bei Luxus denkt man automatisch an Verschwendung, und das geht in unserem Kopf gleich gar nicht. Doch ist das überhaupt im Sinne Gottes?

Würde Jesus Luxus tolerieren, gutheißen oder verurteilen? Und schon ist man mittendrin in einer lebendigen, zeitgemäßen Diskussion, bei der sicher niemand von den Zuhörern in Kirchenschlaf versinken würde.

Gottes Reichtum zeigt sich auch im Überfluss der Natur. Wenn ich früh am Morgen mit meinem kleinen Hund Billy King in meinem Park sitze, dem Gesang der Vögel lausche, die Eichhörnchen flitzen die Bäume hoch und runter und ich betrachte meinen sehr alten Nussbaum, dann wird mir so etwas von klar, dass Gott Überfluss liebt.

Gott macht keine halben Sachen, er agiert nicht mit angezogener Handbremse, er gibt Vollgas. Wie man in der Natur sieht, scheint auch Gott durchaus einen Hang zu Luxus und Verschwendung zu haben. Jeden Tag feiert er auf der ganzen Welt bombastische Sonnenauf- und -untergänge ab, ganz egal, ob jemand von uns Menschen diese zu schätzen weiß oder nicht. Die schönsten Blumen blühen nur für ein paar Tage, Vögel komponieren jeden Morgen die kompliziertesten Sinfonien … Forscher haben Jahre damit zugebracht herauszufinden, welche Funktionen die tausend verschiedenen Blattformen haben, die es im Regenwald gibt – mit dem Ergebnis, dass sie gar keinen bestimmten Zweck haben, sondern anscheinend einfach Gott die Vielfalt liebt.

Er geht auch mit Zeit ziemlich verschwenderisch um, wie man in der Bibel herauslesen kann. So lässt Gott Jakob sieben Jahre auf die Ehefrau warten und Abraham 25 Jahre auf den versprochenen Sohn …

Auch legt er offensichtlich viel Wert aufs Feiern: Jesus verwandelt sozusagen als erste „Amtshandlung" bei seinem ersten öffentlichen Wunder Wasser in Wein[16] – ein reines Luxuswunder, von wegen Askese! Und er war, wie man lesen kann, von einigen als „Fresser und Säufer"[17] verschrien. Der verlorene Sohn wird mit einem Riesenfest empfangen,[18] die ganze jüdische Kultur hat so viele von Gott höchstpersönlich verordnete Feste wie keine andere. Johannes 12,1-8 finde ich in dieser Hinsicht besonders interessant:

Wie man in der Natur sieht, scheint Gott durchaus einen Hang zu Luxus und Verschwendung zu haben. Jeden Tag feiert er bombastische Sonnenauf- und -untergänge ab, ganz egal, ob jemand von uns Menschen diese zu schätzen weiß oder nicht.

Jesus verwandelt sozusagen als erste „Amtshandlung" bei seinem ersten öffentlichen Wunder Wasser in Wein – ein reines Luxuswunder, von wegen Askese!

Sechs Tage vor dem Passafest kam Jesus wieder nach Bethanien, dem Ort, wo Lazarus wohnte, den er vom Tod auferweckt hatte. Die Geschwister hatten Jesus zu Ehren ein Festessen vorbereitet. Marta trug auf, während Lazarus mit Jesus und den anderen zu Tisch lag. Maria aber nahm eine Flasche mit reinem, kostbarem Nardenöl, goss es Jesus über die Füße und trocknete diese mit ihrem Haar. Das ganze Haus duftete nach dem Öl.

Judas Iskariot, einer von den Jüngern, der Jesus später verriet, sagte: „Warum wurde dieses Öl nicht für dreihundert Silberstücke verkauft und das Geld an die Armen verteilt?" Er sagte das nicht etwa, weil er ein Herz für die Armen hatte, sondern weil er ein Dieb war. Er verwaltete die gemeinsame Kasse und griff oft zur eigenen Verwendung hinein.

Jesus sagte: „Lass sie in Ruhe! Nach Gottes Willen hat sie dieses Öl für den Tag meines Begräbnisses aufbewahrt." Und an alle Jünger gewandt, fügte er hinzu: „Arme wird es immer bei euch geben, aber mich habt ihr nicht mehr lange bei euch." (Gute-Nachricht-Bibel)

Ich erkenne darin, dass Jesus ein weitaus offeneres Verständnis für die Gaben Gottes hatte. Er nahm sie dankend an, eben so, wie man ein Geschenk annehmen sollte, nicht wertend, wie wir Menschen (und wie auch die Jünger im Text) es tun. Erst durch das Werten wird der selbstverständliche Überfluss Gottes zu Reichtum und zu Luxus. In Gottes Verständnis gibt es solche Abstufungen nicht. Es existiert in allem nur das Reinste, das Höchste, das Göttliche, und das kann gar nicht negativ bewertet werden. Stellt bei uns jemand 20 Rosensträuße in sein Wohnzimmer, so bezeichnen wir dies als einen unerhörten Luxus – blüht in der Natur ein Meer von Blumen, ist es selbstverständlich.

Die Bäume interessiert es nicht im Geringsten, ob sie vielleicht zu viele Blüten treiben, am Ende etwa zu viele Früchte tragen. Ein „Zuviel" gibt es in der Natur nicht, nur bei uns Menschen.

Wir sind es, die uns eingrenzen, limitieren, alles kleinmachen, auch uns selbst kleinmachen. Woher kommt das, frage ich mich? Woraus resultiert es, denn es ist ja offensichtlich wider die Natur.

Ein „Zuviel" gibt es in der Natur nicht, nur bei uns Menschen. Wir sind es, die uns eingrenzen, limitieren, alles klein machen, auch uns selbst klein machen.

Ich denke, es ist uns unnatürlich anerzogen worden, mit einer klaren Taktik im Hintergrund – keiner klugen, aber einer klaren Taktik. Und diese lautet: „Hat die Masse wenig, haben einige wenige viel". Und nach dieser Methode, geprägt von Raffgier und Habgier, agierten Staat und Kirche über Jahrhunderte und Jahrtausende. Sie redeten den Menschen ein, dass man sich begnügen müsse und die Ressourcen nicht unerschöpflich seien. Die Obrigkeit selbst lebte in Saus und Braus.

Und das ist auch das Problem. Denn Luxus, Schönheit und Überfluss haben aus meiner Sicht und nach meinem Verständnis von Gott vor allem einen Sinn: dass man sie teilt!

Gestatten Sie mir, Ihnen aus meinem Leben zu erzählen: Ich habe mich immer am Reichtum anderer erfreut. Carmen war die beste Freundin meiner Mutter, und sie stammte aus einer sehr wohlhabenden Familie. Mama nahm mich oft mit, wenn sie ihre Freundin besuchte.

Carmen lebte, wie es sich für eine Prinzessin gehörte, in einem wahren Palast. Da gab es Schönheit und Luxus im Überfluss. Überall standen kostbare Möbel aus der Biedermeierzeit und anderen Epochen, die meisten aber aus dem Rokoko. Die Polster waren mit erlesenem Brokat oder Samt bezogen. Kunstvoll geschnitzte, vergoldete Reliefs schmückten Armlehnen und Rücken. Besonders faszinierten mich die Stuhlfüße in Form von Löwentatzen. Die Fenster waren verziert mit prächtigen Vorhängen. Auf dem edlen Parkett lagen schwere orientalische und chinesische Teppiche, in denen man bei jedem Schritt leicht versank.

Während die Erwachsenen sich unterhielten, hatte ich Zeit, mich umzusehen, und das tat ich auch ausgiebig. Mich faszinierte der große Kristallkronleuchter im Wohnzimmer genauso wie das reich verzierte Treppengeländer, das in den ersten Stock führte, in dem sich Bäder und Schlafzimmer befanden. Im Bad kam das Wasser aus vergoldeten Hähnen in Form von Schwänen. Boden und Wände zierten italienische Marmorintarsien. Überall hingen große barocke Spiegel.

Das Ganze wirkte erstaunlicherweise nicht protzig, sondern trotz des Luxus sehr selbstverständlich und nicht aufgesetzt. Alles bei Carmen war geschmackvoll und mit Bedacht gewählt. Ich erfreute mich jedes Mal neu an der prachtvollen Umgebung.

Neid ist und war mir schon immer fremd. Stattdessen sog ich alles voller Genuss in mir auf und erfreute mich an der Schönheit, die mich umgab: die Möbel, die Spiegel, die Teppiche. Und ich war mir sicher, irgendwann würde ich auch einmal so leben wie Carmen. Ich beschloss, mir selbst auch einen solchen Luxus zu erarbeiten, und ich war bereit, dafür hart zu arbeiten. Das war mir nicht fremd, denn seit meiner Kindheit musste ich schon früh mit anpacken.

Und wenn ich es einmal geschafft hatte, wollte ich auch andere daran teilhaben lassen, so wie es Carmen mit mir tat und so wie es die Natur und Gott mit uns tun.

Wenn man die Natur betrachtet, dann entdeckt man Reichtum an allen Ecken und Enden, in der Natur ist Überfluss. Wenn Gottes Werk Überfluss signalisiert, reflektiert auch Gott Überfluss in allen Bereichen. Die Begrenzungen schaffen wir uns selbst.

Wir wurden darauf konditioniert, in Begrenzungen zu denken und zu leben. Der ständigen Sorge, nicht genug zu haben, der ewigen Angst vor dem Mangel. Dies ist jedoch meinem Verständnis nach nicht unsere gottgegebene Natur und auch nicht gottgewollt.

Wenn man sich dies vergegenwärtigt, bekommt man eine völlig neue Einstellung zu den reichen Gaben Gottes und findet zu der Ansicht, dass das Negieren der Fülle und des Überflusses Gottes eher unnatürlich sind als die Akzeptanz und Annahme einer solchen.

Wir sollten wieder lernen, dass wir entgegen der uns anerzogenen Verhaltensweisen Gottes Geschenke und seinen Überfluss dankend und ohne Reue annehmen dürfen. Einfach genießen dürfen in Leichtigkeit, mit Freude und in Dankbarkeit.

Mir fiel es auch nicht leicht, Geschenke von Menschen oder vom Kosmos anzunehmen. Wir wurden so erzogen, dass man sich alles verdienen muss und man nichts geschenkt bekommt. Ich musste erst wieder lernen, auch einmal einfach etwas anzunehmen. Ich möchte Sie

> Wir sollten wieder lernen, dass wir Gottes Geschenke und seinen Überfluss dankend und ohne Reue annehmen dürfen. Einfach genießen dürfen in Leichtigkeit, mit Freude und in Dankbarkeit.

ermuntern, das auch wieder zuzulassen, sonst verpassen Sie die vielen Geschenke, die das Leben jeden Tag gibt. Und das wäre doch zu schade.

Nur in der **STILLE** können wir die **STIMME** unserer **SEELE HÖREN.**

Die Weisheit kommt nicht
in eine arglistige Seele und wohnt nicht
in einem Leibe, der der Sünde verfallen ist.

DIE BIBEL, WEISHEITEN SALOMOS 1,4

Kapitel 17:
Die Seele!

In einer Zeit, in der die Körperlichkeit einen so vorrangigen Stellenwert hat wie in unserer lauten, schnelllebigen Epoche, verlernt man schnell, auf die Seele zu hören. Sie ist zu unserem Stiefkind mutiert, dabei ist sie das Wichtigste. Schließlich erweckt die Seele unseren Körper zum Leben. Denn ohne Seele ist der Körper wie eine Oper ohne Musik.

Doch was oder wer ist dieses Ding, das man nie sieht, diese sogenannte Seele? Dieses Mysterium, diese uns fremde und doch so vertraute Unbekannte?

In meinen Augen ist sie ein Wesen, sehr filigran, sie ist fein, sie ist verletzlich, sie ist stark und sie birgt in sich die Essenz unseres Daseins, unseres Gestern, unseres Heute und unseres Morgen. Sie ist unsere DNA, die Zusammensetzung von allem, was uns ausmacht. Unser Gefühl. Sie verbindet, ist immer leise, niemals laut. Sie drängt sich nicht vor, und deshalb vergessen wir sie so oft, wir unterdrücken sie, vergewaltigen sie, missachten sie dabei auch noch. Sie braucht uns, und wir sind nichts ohne sie.

Körper und Seele müssen im Einklang sein, sind eine Einheit, wie der Klavierspieler und das Klavier, denn ohne Klavier kann er nicht spielen, und ohne dass der Klavierspieler das Klavier bedient, entstehen keine Töne.

Um dem Zusammenspiel zwischen Seele und Körper auf den Grund zu gehen, recherchierte ich auch die Meinungen einiger klugen Denker und Philosophen, wie zum Beispiel die des René Descartes.

Dieser gilt als Entdecker des modernen Rationalismus, den andere Philosophen und Mathematiker danach wie zum Beispiel Gottfried Wilhelm Leibnitz nicht weniger kritisch weitergeführt haben. Rationalismus nennt man philosophische Projekte, Tendenzen und Entwicklungen, welche davon ausgehen, dass rationales Denken beim Erwerb und Gründen von Wissen ausreichend oder sogar maßgebend sei.

Descartes unterteilte seine Erkenntnisse in seinem Werk *Discours de la Methode* in vier Regeln. Zum einen die Skepsis: Man solle nichts als Wahrheit betrachten, was nicht so klar und deutlich zu erkennen ist, dass man es letztendlich nicht anzweifeln könne. Dann die Analyse: Man solle schwierige Aufgaben möglichst in kleinen Schritten erledigen. Die Konstruktion: Er empfiehlt, immer vom Einfachen zum Schwierigen voranzugehen oder vom Konkreten zum Abstrakten. Und schlussendlich die Rekursion, in der man nachprüfen soll, ob bei der getätigten Untersuchung wirklich alles vollständig erfasst wurde.

Descartes vertrat im Übrigen die Meinung, dass unser Körper und unser Geist einen unterschiedlichen Ursprung haben. Er war der Ansicht, dass wir bei der Geburt den Körper von unseren Eltern geschenkt bekommen und den Geist von Gott erhalten. Die beiden sind seiner Meinung nach getrennt und werden erst bei der Geburt zusammengefügt. Ebenso war er davon überzeugt, dass beide unabhängig voneinander existieren würden. Seiner Ansicht nach brauchen wir keinen Körper, um zu denken, da der Geist keine physischen Eigenschaften und auch keine Substanz besäße. Er sei reine Logik und stelle die höchstmögliche Form von Existenz dar. Da unser Geist gottgegeben sei, ergebe sich daraus, dass Gott auch in der Lage sein müsse, physische Dinge wie unsere Körper zu erschaffen.

Geht man jedoch davon aus, dass der Geist die höchste Form der Existenz hier auf Erden ist, so kann er ja nur von einer noch höheren Existenz erschaffen worden sein. Zeit unseres Lebens werden Körper und Geist zu einer Einheit, doch nach Descartes' Meinung können sie auch ohneeinander existieren.

Vernachlässigen wir unsere Seele, wird unser Körper krank, und ein kranker Körper beeinträchtigt wiederum die Seele.

Ich bin der Meinung, dass man Körper und Seele immer als eine Einheit sehen muss. Auch vertrete ich die Ansicht, dass zwar die Seele ohne den Körper, aber ein Körper ohne eine Seele nicht wirklich existieren, sondern lediglich vegetieren kann. Vernachlässigen wir unsere Seele, wird unser Körper krank, und ein kranker Körper beeinträchtigt wiederum die Seele.

Der Geist ist der Motor des Ganzen, der Körper folgt dem Geist, denn alles Materielle, was wir in der Welt sehen – Häuser, Autos oder Monumente –, entsprang zuerst im Geist und manifestierte sich dann zu Materie.

Die Seele ist der Schlüssel des Geheimnisses, sie ist allwissend. Im Germanischen wird das Wort Seele von „saiwaz", dem See, abgeleitet. Ich stelle mir vor, jede Seele sei als ein kleiner Wasser-tropfen aus diesem großen universellen See entsprungen. Zwar getrennt vom großen See, enthält er dennoch dessen ganzes Wissen, dessen DNA sozusagen. Dies bedeutet, dass wir, wenn der See Gott ist, als seine Schöpfung seine DNA in uns tragen und ebenso unwissentlich allwissend sind. Verbunden mit der göttlichen Macht.

Ich bin überzeugt, dass die Seele den unentwegten Drang besitzt, sich auszuweiten, zu wachsen, denn alles Göttliche möchte wachsen.

Unsere Seele ist viel zu groß, zu mächtig für unseren Körper. Die Seele in einen Körper zu bringen stelle ich mir so vor, als würde man den Mount Everest durch ein Nadel-öhr zwängen.

Ich bin überzeugt, dass die Seele den unentwegten Drang besitzt, sich auszuweiten, zu wachsen, denn alles Göttliche – und das ist unsere Seele ja letztendlich, sie ist göttlich – möchte wachsen.

Wir sind auf diese Erde gekommen, um als geistige Wesen eine körperliche Erfahrung zu machen. Doch dabei ist dieser Körper leider meist eher eine Bremse als ein Hilfsmittel, vor allem dann, wenn Körper und Seele nicht im Einklang sind oder der Körper erkrankt.

Die Kunst, für die Seele zu sorgen, die „Seelsorge", ist das ureigene Aufgabengebiet der Kirche. Wir haben ja nun viel darüber gesprochen, wie gut oder schlecht sie diese Aufgabe wahrnimmt. Der Begriff Seelsorge ist aber auch ein wenig irreführend, denn er klingt, als könne einem jemand diese Aufgabe abnehmen. Doch für Ihre eigene Seele müssen Sie selbst sorgen.

Wie macht man das, für die Seele zu sorgen?

Die Stimme unserer Seele ist eine sehr leise Stimme, wie eine Katze auf samtenen Pfoten. Sie ist kaum zu hören, weil sie von vielen anderen lauten Stimmen des Alltags unterdrückt wird. Wir denken, wenn etwas leise ist, ist es automatisch unbedeutend. Das stimmt nicht.

Es kann sehr viel Kraft in der Ruhe liegen, wir müssen sie nur zulassen. Denken Sie an die Shaolin-Mönche, die sagen, man muss nicht kämpfen, um zu siegen. Diese transformieren sich mit der Kraft des Denkens zu Ruhe, Klarheit und innerer Stärke, und dazu gehört auch Gelassenheit. Wie aber wird man gelassen, wenn um einen herum alles tobt und zusammenbricht?

> *Die Stimme unserer Seele ist eine sehr leise Stimme, die von vielen anderen lauten Stimmen des Alltags unterdrückt wird. Wir denken, wenn etwas leise ist, ist es automatisch unbedeutend. Das stimmt nicht.*

Indem man die Umwelt ausschaltet und in sich, in sein Inneres, seine Seele hineinhört. Es heißt ja nicht umsonst, dass in der Ruhe die Kraft liegt. Nur in der Stille können wir die Stimme unserer Seele hören.

Dies bedarf sicherlich zuerst einmal einiger Übung. Es ist nicht so einfach, weil um uns herum und in unserem Inneren so viel Ablenkung ist.

Doch nach einiger Zeit des Studierens, des Betens und der Meditation werden Sie die Stimme Ihrer Seele wieder hören und wahrnehmen. Der Körper wird von einer ungeahnten Wärme und Freude erfüllt. Die Seele ist wie ein Sonnenblumenkern, ein wahres Kraftwerk, so wie der Kern ja auch die geballte Kraft einer ganzen Sonnenblume enthält.

Nehmen Sie sich jeden Tag eine bestimmte Zeit vor, in der Sie nur der Stille lauschen. Kreieren Sie sich einen Ort zu Hause, Ihren privaten Ort der Natur und Ruhe. Ein Ort nur für Sie allein. Achten Sie darauf, dass Sie an diesem völlig ungestört sind und kein Schrillen des Telefons, das förmlich die Luft zerreißt, keine Türglocke, die fordernd läutet, Sie ablenken könnte.

An diesen Ort packen Sie Dinge, die Ihnen helfen, Ruhe zu finden. Ein bequemes Möbelstück, das Sie besonders lieben, Pflanzen, Blumen, was auch immer. Setzen Sie sich hin und atmen Sie ein und aus. Hören Sie in sich hinein, schweigen Sie. Reden Sie nicht. Lassen Sie alle Gedanken zu, halten Sie aber an keinem fest. Seien Sie ein Unbeteiligter Ihrer Gedanken. Bedanken Sie sich bei Ihren angekommenen Gedanken und lassen Sie diese wieder gehen.

Anfangs wird es Ihnen sehr schwerfallen, weil sich Ihr Geist gegen die Ruhe wehren wird und Sie von all den Gedanken geradezu überrannt werden. Lassen Sie diese einfach zu und bewerten Sie sie nicht. Lassen Sie Ihre Gedanken fließen und spüren Sie, wie langsam, aber sicher Ruhe in Ihren Körper einkehrt, Sie wohlige Wärme verspüren, während um Sie herum das Leben tobt.

Was ist Ihr **TRAUM** für **IHRE KIRCHE? LEBENDIG, POSITIV** und voller **GLÜCKLICHER MENSCHEN?**

Das einzige Paradies ist das verlorene Paradies.

MARCEL PROUST (1871–1922), FRANZ. FEUILLETONIST UND ROMANAUTOR

Kapitel 18:
Mein Traum vom Paradies

Wir alle träumen einmal vom Paradies, vom Himmel. Vielleicht ist es ja gerade deshalb so interessant für uns, weil uns niemand sagen kann, wie es aussieht, geschweige denn, ob es tatsächlich existiert hat oder noch existiert. Ebenso wie Atlantis.

Das mächtige Inselreich Atlantis, Insel des Atlas, wurde zum ersten Mal von Platon erwähnt und beschrieben. In der griechischen Mythologie war Atlas der älteste von drei Söhnen des Meeresgottes Poseidon. Ihm wurde die Macht über Atlantis übertragen. Atlantis soll im Atlantik gelegen haben. Platon beschreibt Atlantis als riesig und äußerst fruchtbar, voller unzähliger Pflanzen und Früchte, Elefanten und anderer Tiere. Die Atlantiden sollen über Gold, Silber und ein feurig schimmerndes Metall namens Oreichalkos verfügt haben. Es soll sich auch eine prachtvolle Stadt auf der Insel befunden haben, mit einer Akropolis und einem Poseidontempel mit großer Statue des Meeresgottes.

Die Bewohner der Insel, die Atlantiden, sollen auch eine mächtige Seemacht gewesen sein. Als die Atlantiden es allerdings mit Athen aufnehmen wollten, wurden sie geschlagen. Nach Platon soll dies eine Bestrafung der Götter gewesen sein, weil die Atlantiden zu viel Gier nach mehr Macht und Reichtum hatten. Mit der Niederlage ging auch Atlantis für immer unter. Grund dafür soll auch ein starkes Erdbeben gewesen sein, nach dem es im Meer versank.

Ob es Atlantis wirklich gegeben hat, ist umstritten. Gab es das Inselreich als Staat, oder wollte uns Platon durch diesen Mythos nur etwas lehren? Mich fasziniert das Thema Atlantis sehr. Es muss ein großartiger Ort gewesen sein. Manche denken sogar, es sei das verlorene Paradies. Der Ort aus unseren Träumen, zu dem wir uns zurücksehnen.

Ich habe mir ein eigenes pompööses Atlantis erschaffen, einen Ort des Luxus und des Reichtums, den ich mit den Menschen teile. Ein Teil meines Traums war immer, eine schönere Welt zu kreieren und jede Frau zu einer Prinzessin zu machen. Immer wieder sprechen mich Frauen darauf an, wie großartig das sei, bedanken sich bei mir, dass ich mich seit Langem so unermüdlich für sie und ihre Rechte einsetze, ihnen so viel Gutes in diesem Leben zuteilwerden lasse. Ich sehe es auch als einen Teil meiner Aufgabe, möglichst vielen Menschen etwas Glanz, Freude und Hoffnung in ihr oft trauriges, tristes Leben zu zaubern.

Gerade vor Kurzem habe ich einen Pop-Art-Store in Bochum eröffnet. Ich erzähle das, weil die Erfahrung, die ich am Tag nach der Eröffnung bei einer Autogrammstunde machen durfte, perfekt in dieses Kapitel passt. Vorab gestatten Sie mir, Ihnen mitzuteilen, was ein Pop-Art-Store ist. Ich bin ein vielseitig begabter Mensch, traue mir sehr vieles im Leben zu, und warum auch nicht? Das Leben ist dazu da, gelebt zu werden, in vollen Zügen, man sollte sich nicht aus Angst zu versagen Dinge absprechen. Denn was ist das Schlimmste, was passieren kann, wenn Sie etwas Neues ausprobieren? Dass es eben nichts wird. Sie können dann aber sagen, ich habe es versucht, und Sie wissen, dass es nichts für Sie ist.

Ich male, ich fertige Skulpturen, meine Kunst ist voller Lebensfreude und voller Farben und Formen, die das Herz und die Seele der Menschen berühren. Also dachte ich mir, warum nicht diese Kunst neben den herkömmlichen Möglichkeiten auf Gemälden auch auf unkonventionellen Wegen den Menschen näherbringen? Kunst auf Shirts und Tassen, Kunst in jedem Bereich des Lebens. Dazu hatte ich die Idee, einen Store zu eröffnen, der all diese Artikel bietet. Ein märchenhafter Laden wie aus Tausendundeiner Nacht, der den Besuchern die Möglichkeit bietet, einzutauchen in die Welt der Kindheit, der Träume, des Lichts. Ein Ort, an dem Menschen auftanken können, quasi eine Seelendusche nehmen und ihr Herz mit Schönem erfüllen.

Das Leben ist dazu da, gelebt zu werden, in vollen Zügen. Was ist das Schlimmste, was passieren kann, wenn Sie etwas Neues ausprobieren? Dass es eben nichts wird.

Ich bin überzeugt: Wenn man ein Projekt wie dieses mit sehr viel Liebe und dem Grundgedanken an den Start bringt, Menschen Gutes zu tun, dann geschehen auch gute Dinge.

Ich realisierte das Projekt in wochenlanger Arbeit, denn wenn ich etwas mache, dann mache ich es mit Hingabe und Begeisterung und Faszination. Wo Faszination, Begeisterung und Hingabe fehlen, fehlt alles, von vorne bis hinten. Geben Sie bitte immer alles für etwas, für das Sie brennen. Jeder Neuanfang ist ein Wagnis, dieses Wagnis muss man eingehen, und man muss es zu 100 Prozent eingehen, denn man kann nicht ein bisschen einen Shop aufmachen, genauso wenig wie man ein bisschen schwanger werden kann.

Ich habe mich also fast völlig verausgabt, habe selbst dekoriert, ausgezeichnet, gesaugt, gewischt, geputzt, geholfen, damit all die lieben Menschen, welche den Store betreiben, es schaffen, rechtzeitig fertig zu werden.

Ich bin überzeugt: Wenn man ein Projekt mit sehr viel Liebe und dem Grundgedanken an den Start bringt, Menschen Gutes zu tun, dann geschehen auch gute Dinge.

Bereits am Tag der Pre-Opening-Party, als wir die Schaufenster von dem Sichtschutz befreiten, bildete sich eine gigantische Menschenmenge vor der Front des Ladens, sie fotografierten alles begeistert. Der Laden war von Anfang an eine Attraktion.

Am Tag nach der Eröffnung gab ich eine Autogrammstunde. Bereits vor meiner Ankunft stand eine mehrere Hundert Meter lange Schlange von Menschen an, die geduldig darauf warteten, ein Autogramm und einen Blick von Harald Glööckler zu erhaschen. Ich erreiche zu meiner Freude Menschen aus allen Gesellschaftsschichten und allen Altersklassen. Klein, dick, dünn, arm und reich.

Bei dieser Autogrammstunde war auch ein guter Freund von mir zugegen, der Starfotograf Udo Spreitzenbarth aus New York, der mich gerade für ein gemeinsames Kunstprojekt fotografiert hat.

Er sagte zu mir: „Es ist unglaublich, wenn man beobachtet, wie einige der Menschen mit leeren, traurigen Augen und sorgengeplagtem Gesicht zu dir treten, und wenn du mit ihnen gesprochen hast, strahlen sie erleichtert. Du hast ihnen Sonne in die Herzen gezaubert!"

Ich freute mich sehr über diese Worte, denn das ist genau der Eindruck, den ich selbst immer wieder bekomme. Und es ist mir eine große Freude, ich danke Gott dafür, dass er mir diese Möglichkeit gegeben hat, anderen Menschen Freude zu bereiten, ihnen das Leben zu verschönern.

Sehen Sie, ich bin ein Romantiker. Wir leben in einer Zeit, in der Romantik und der Glaube an das Gute im gleichen Maße notwendig wie selten ist. Die Süddeutsche Zeitung schrieb einmal sinngemäß: „Wenn man Harald Glööckler begegnet, ist es, als würde Alice im Wunderland einen an die Hand nehmen. Die Welt wird größer, schöner und bunter."

Romantiker sind zumeist Menschen, welche die Welt für besser halten, als sie ist. Treibende Kraft der deutschen Romantik war eine ins Unendliche gerichtete Sehnsucht nach Heilung der Welt, nach der Zusammenführung von Gegensätzen zu einem harmonischen Ganzen. Im Gegensatz zur Rationalität der Aufklärung und Idealisierung der Klassen fühlen sich die Vertreter der Romantik eher zur eigenen Kultur, Sagen- und Mythenwelt des Mittelalters hingezogen. Sie ließen, wie ich schon immer, die Welt schöner aussehen, als sie eigentlich war. Sie waren im besten Wortsinn Träumer!

Gestatten Sie mir, an einige Künstler zu erinnern, die man zweifelsohne als die berühmtesten Vertreter der Romantik bezeichnen darf: Felix Mendelssohn Bartholdy, Heinrich Heine, die Gebrüder Grimm, Wilhelm Hauff, Johannes Brahms, Frédéric

Chopin, Richard Wagner. Verdanken wir nicht gerade ihnen die größten Schöpfungen der Menschheitsgeschichte?

Ich lebe meinen Traum. Doch das hätte ich nie erreicht, wenn ich nicht schon früh angefangen hätte, mir genau vorzustellen und in bunten Farben auszumalen, was ich erreichen will und wie mein Leben einmal aussehen soll. Und damit habe ich die allerbesten Erfahrungen gemacht – denn alles ist genau so gekommen, wie ich es in meiner Vision vor mir gesehen habe. Wir haben die Freiheit, unser Leben so zu leben, wie wir es möchten. Das ist nicht überall auf der Welt so.

Klare, fest geformte Ziele und Visionen, wie Sie Ihr Leben gestalten wollen, sind die Voraussetzung, das Fundament, auf dem das Haus Ihres Lebens gebaut wird.

Klare, fest geformte Ziele und Visionen, wie Sie Ihr Leben gestalten wollen, sind das Allerwichtigste. Sie sind der Motor der Wirtschaft, der Bauplan Ihres Lebens! Visionen sind die Voraussetzung, das Fundament, auf dem das Haus Ihres Lebens gebaut wird. Visionen sind die Erde, in die die Samen Ihrer gewünschten Früchte gepflanzt werden können.

Allem, was wir mit unseren Augen sehen, ging eine Vision voraus. Schon Leonardo da Vinci hatte die Vision vom Fliegen, wenngleich diese auch erst lange nach ihm realisiert wurde.

Dafür müssen Sie aber zuallererst einmal wissen, was Sie wollen, denn wenn man Pfirsiche ernten möchte, sollte man keinen Pflaumenbaum pflanzen. Sie müssen eine Idee, eine Vision davon entwickeln, was Ihnen wichtig ist und was Sie vom Leben erwarten. Die Vision zeigt Ihnen an, wo Sie in der Zukunft mit Ihrem Leben, Ihrem Unternehmen stehen wollen.

Und warum sollte man das, was für das persönliche Leben gilt, nicht auch auf die Kirche anwenden können?

Ich frage deshalb Sie, liebe Kirchenvorsteher, Pfarrer, Gemeinderäte und Mitarbeiter: Was ist Ihr Traum, Ihre Vision für Ihre Kirche? Wie sehen Sie sie in der Zukunft? Lebendig, positiv und voller glücklicher Menschen statt grau und öde? Ist das nicht ein herrliches Bild? Träumen Sie voller Romantik, mutig, in bunten Farben und immer ein bisschen größer, als Sie es sich vorstellen können! Denn Gottes Möglichkeiten sind unerschöpflich!

Was ist Ihr Traum, Ihre Vision für Ihre Kirche? Lebendig, positiv und voller glücklicher Menschen? Träumen Sie mutig, in bunten Farben und immer ein bisschen größer, als Sie es sich vorstellen können! Denn Gottes Möglichkeiten sind unerschöpflich!

Und dann fangen Sie an, alles zu tun, was nötig ist, um diesen Traum Wirklichkeit werden zu lassen. Denn von nichts kommt nichts, das ist auch ein Fakt des Lebens.

Überlegen Sie sich neue, kreative Maßnahmen, wie Ihre Kirche wieder attraktiver werden könnte. Suchen Sie sich Verbündete. Laden Sie Künstler ein und interessante Sprecher, die frischen Wind auf Ihre Kanzel bringen. Und das können ruhig auch mal etwas kontroverse Leute und Ideen sein. Trauen Sie sich was, und haben Sie keine Angst vor Neuem, vor Veränderungen und vor Andersdenkenden! Angst ist immer ein schlechter Ratgeber. Und auch hier gilt: Was soll schon passieren?

Schließlich arbeiten Sie mit dem großartigsten Wesen des Universums zusammen und haben das beste Angebot der Welt!

In meinen Augen ist auch Gott ein Romantiker. Gott wünscht, dass wir das Schöne sehen, dass wir seine Liebe annehmen können, dass wir unsere Augen öffnen für die Wunder der Natur. Und es ist Ihre und unsere Aufgabe, das den Menschen zu vermitteln.

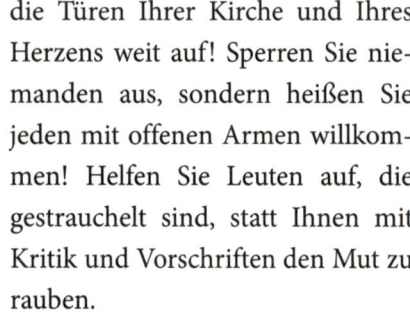

Heißen Sie jeden mit offenen Armen willkommen! Helfen Sie Leuten auf, die gestrauchelt sind, statt Ihnen mit Kritik und Vorschriften den Mut zu rauben. In einem Wort: Lieben Sie sie! Denn damit liegen Sie immer richtig.

Und das Wichtigste: Machen Sie die Türen Ihrer Kirche und Ihres Herzens weit auf! Sperren Sie niemanden aus, sondern heißen Sie jeden mit offenen Armen willkommen! Helfen Sie Leuten auf, die gestrauchelt sind, statt Ihnen mit Kritik und Vorschriften den Mut zu rauben.

In einem Wort: Lieben Sie sie! Denn damit liegen Sie immer richtig.

Machen Sie die
TÜREN Ihrer **KIRCHE**
und Ihres **HERZENS**
WEIT AUF!

Quellenangaben

1 Matthäus 7,1; Lukas 6,37; Johannes 7,24

2 dpa, 27.06.2016, 10:12 Uhr

3 „Die Presse", 03.10.2016, 07:34 Uhr

4 https://www.huffingtonpost.de/2015/10/22/bischoefe-homosexuelle-entschuldigung_n_8357382.html

5 www.huk.org

6 Genaueres zu den Reformen des katholischen Arbeitsrechts: https://www.lsvd.de/recht/ratgeber/kirchen/katholische-kirche.html

7 Matthäus 8,14

8 https://www.cicero.de/kultur/moral-ist-unsere-neue-religion/54204

9 http://www.kloster-maulbronn.de/wissenswert-amuesant/ meilensteine/?tx_pointsfce_taggingengine%5Bheadline%5D=Mehr%20 erfahren&tx_pointsfce_taggingengine%5Bicon%5D=3&tx_pointsfce_taggi ngengine%5Baction%5D=panel&tx_pointsfce_taggingengine%5Bcontrolle r%5D=TaggingEngine&cHash=fbe2197bfe8a8bbfdc9dfdf58ba2ceff

10 1. Thessalonicher 5,17

11 Apostelgeschichte 16

12 Zum Beispiel in Matthäus 8,13 oder in Matthäus 15,28

13 2. Mose 3,14

14 https://www.gebet-fuer-kranke.de

15 Peter Hohl, Lieber ein Optimist der sich mal irrt…, Ingelheim [4]2008.

16 Siehe Johannes 2

17 Matthäus 11,19

18 Lukas 15,11 ff.

© 2018 adeo Verlag
in der Gerth Medien GmbH, Dillerberg 1, 35614 Asslar

1. Auflage 2018
Bestell-Nr. 835213
ISBN 978-3-86334-213-5

Umschlaggestaltung: Die guten Botschafter, Haltern am See
Umschlagfoto: Frank Altmann, *www.frank-altmann.net*
Satz: Uhl + Massopust, Aalen
Druck und Verarbeitung: GGP Media GmbH, Pößneck
Printed in Germany

www.adeo-verlag.de